International Corporate Design Systems 1

Edited by David E. Carter

Copyright © 1989, Art Direction Book Company

Art Direction Book Co.
10 E. 39th Street
New York, NY 10016

Library of Congress Catalog Card Number: 89-084878
ISBN: 0-88108-069-1

Printed in Hong Kong

Table of Contents

Helsinki City Transport 7

Caterpillar Inc. 23

Linde Union Carbide 31

Domit 43

Kia Motors Corporation 57

Kuva-Sampo Oy 79

Lucky Stores 89

Aeroporto Valerio Catullo
di Verona Villafranca 105

Camera di Commercio Industria,
Artigianato e Agricoltura Potenza . . 111

Comercial Mexicana 117

Foreword

This is the first in a new series showing
applications of corporate identity systems by firms
around the world.

There is a growing interest in corporate design.
Large and small companies are realizing the
importance of a well-planned corporate identity.

This book includes examples from ten corporations.
Seven design firms are represented; they are from
United States, Mexico, Finland, Canada, Italy, and Korea.

The editor wishes to express his appreciation
to those whose work is included in this volume.

David E. Carter

Helsinki City Transport
City Transportation System

Design Firm: Studio G4
Finland

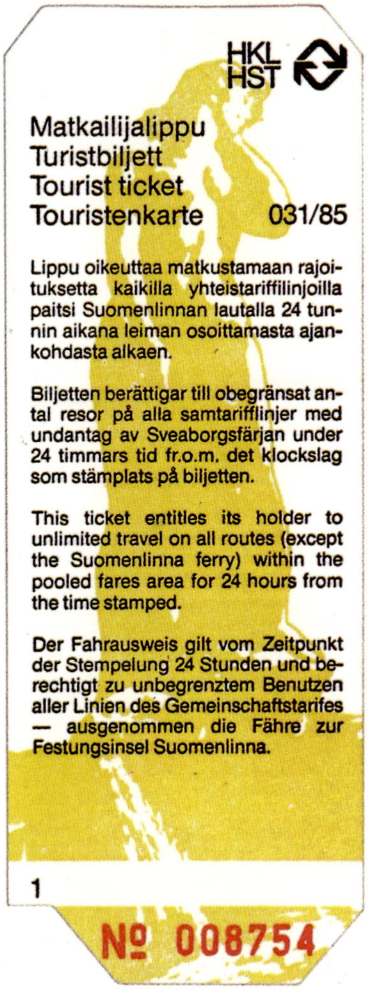

Matkailijalippu
Turistbiljett
Tourist ticket
Touristenkarte 031/85

Lippu oikeuttaa matkustamaan rajoituksetta kaikilla yhteistariffilinjoilla paitsi Suomenlinnan lautalla 24 tunnin aikana leiman osoittamasta ajankohdasta alkaen.

Biljetten berättigar till obegränsat antal resor på alla samtariflinjer med undantag av Sveaborgsfärjan under 24 timmars tid fr.o.m. det klockslag som stämplats på biljetten.

This ticket entitles its holder to unlimited travel on all routes (except the Suomenlinna ferry) within the pooled fares area for 24 hours from the time stamped.

Der Fahrausweis gilt vom Zeitpunkt der Stempelung 24 Stunden und berechtigt zu unbegrenztem Benutzen aller Linien des Gemeinschaftstarifes — ausgenommen die Fähre zur Festungsinsel Suomenlinna.

1

№ 008754

Palvelulinja 99

Servicelinjen 99   HKL HST

2.1.–31.5.85

Uusi raitiolinja 8

Ny spårvägslinje 8   HKL HST

1.9.1984

Helsingin
kaupunki
liikennelaitos

Kertomus
vuoden 1984
toiminnasta

Helsingin linjakartta

Helsingfors linjekarta   HKL HST

2.6.1985

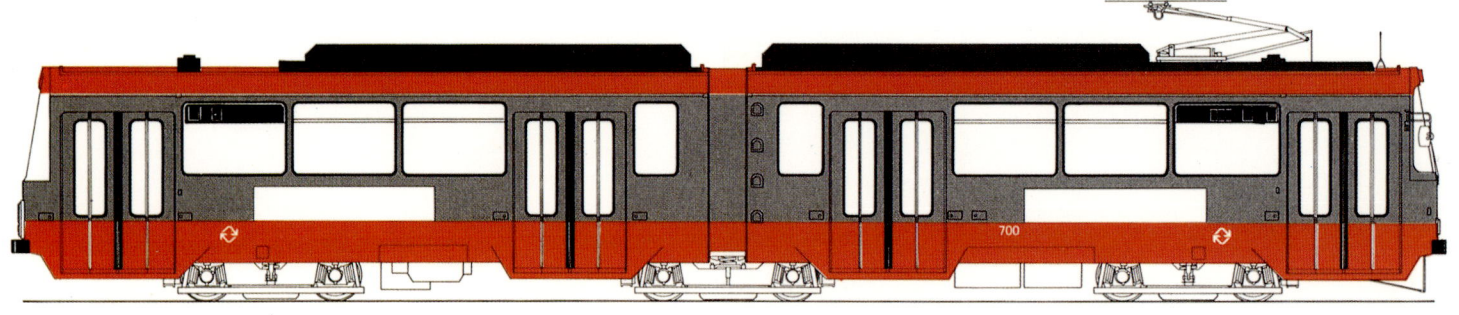
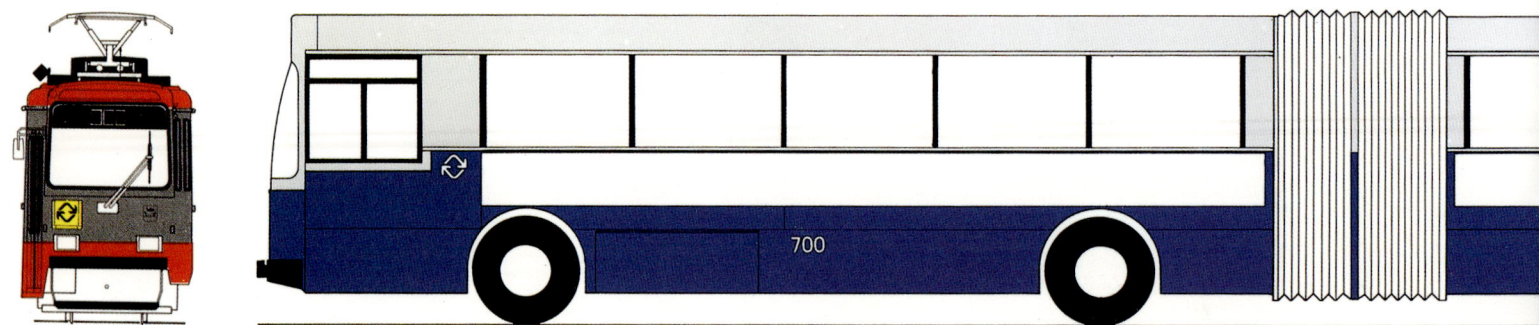
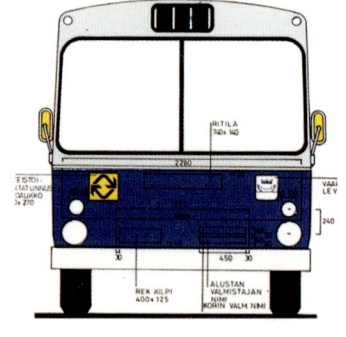
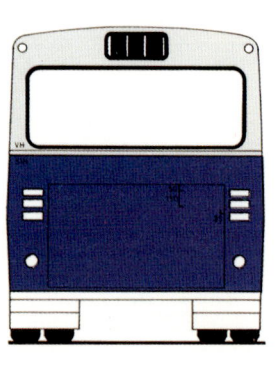

 Helsingin kaupunki
liikennelaitos

Pysäkkikilpi
Terminaalialueet

1.2.1986   2

Laajoilla pysäkkialueilla voidaan laiturit merkitä numeroin. Tämä toteutetaan erillisin numerokilvin. Kilven numerot ovat mustat valkoisella pohjalla. Numerotyyppi on sama kuin pysäkkikilven linjanumero.

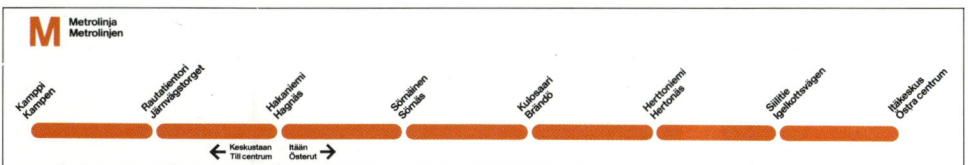

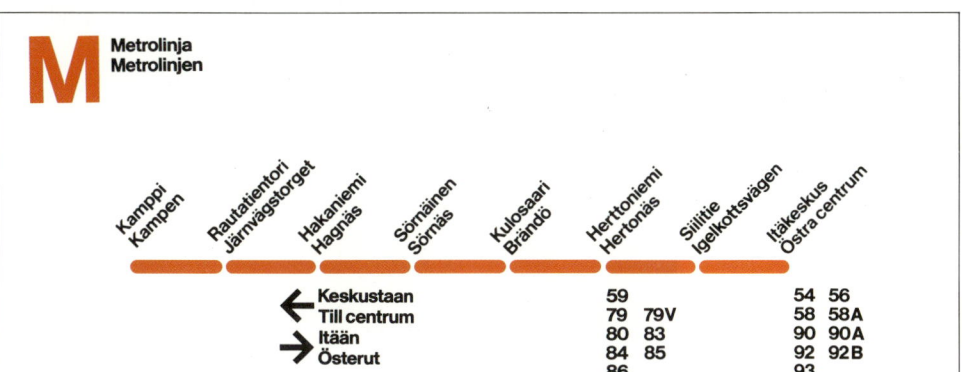

1971

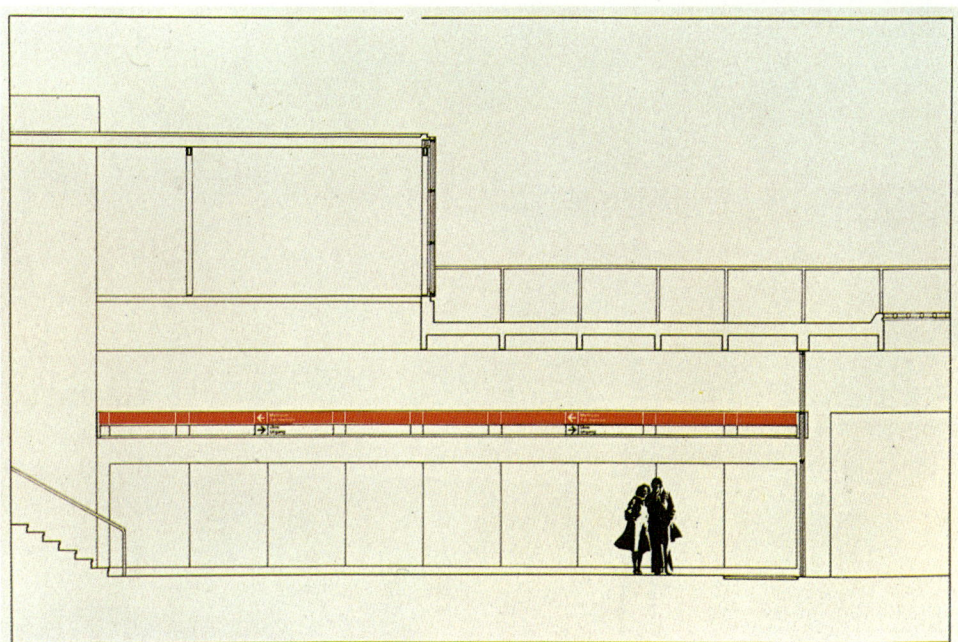

2 Rautatientori
Järnvägstorget
Itäkeskus
Östra centrum 1
Keskustaan
Till centrum
Raide 2
Spår 2
Itään
Österut
Raide 1
Spår 1

Metroon
Till metron
Hissi metroon
Hiss till metron

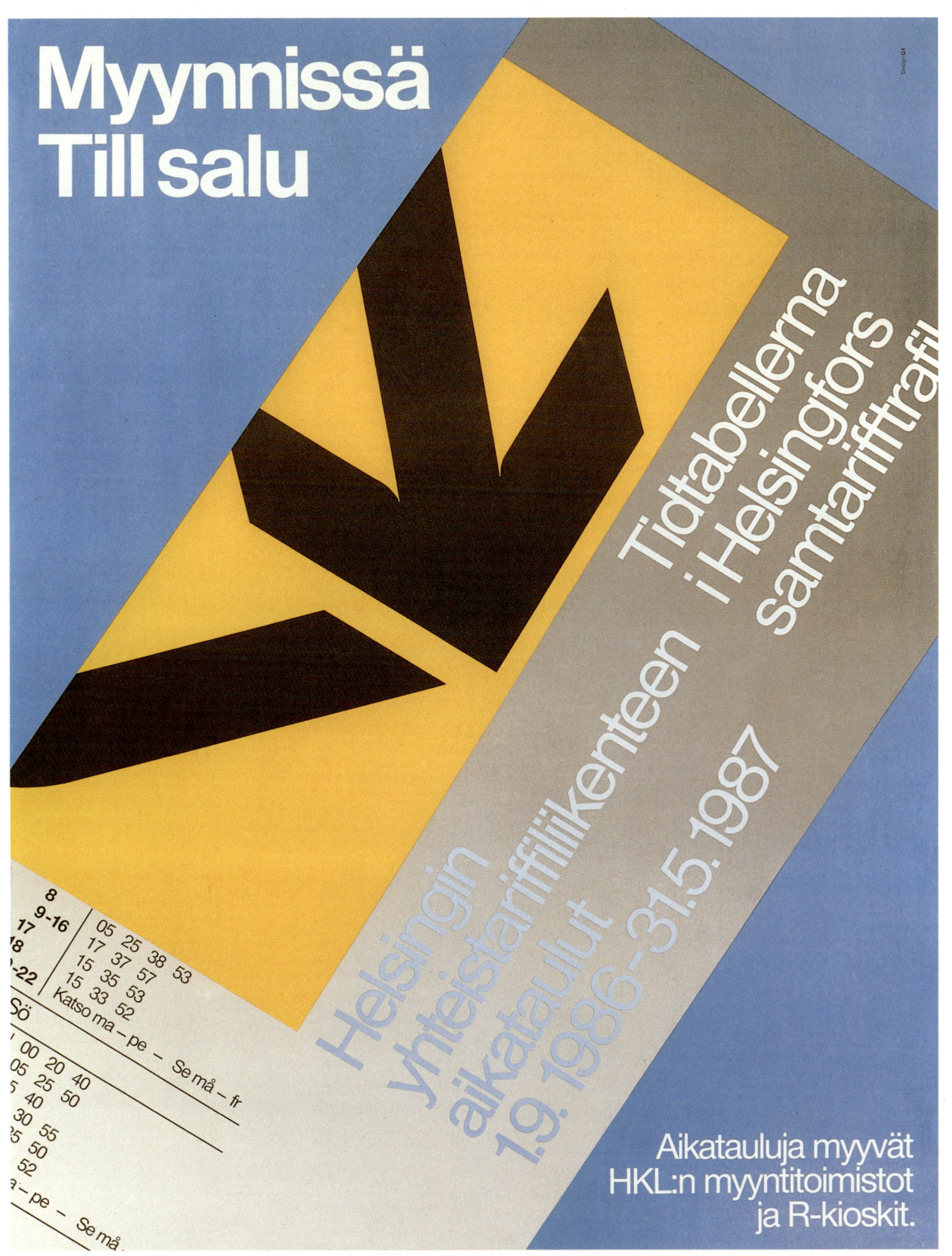

Caterpillar Inc.
Heavy Equipment

Design Firm: Landor Associates
USA

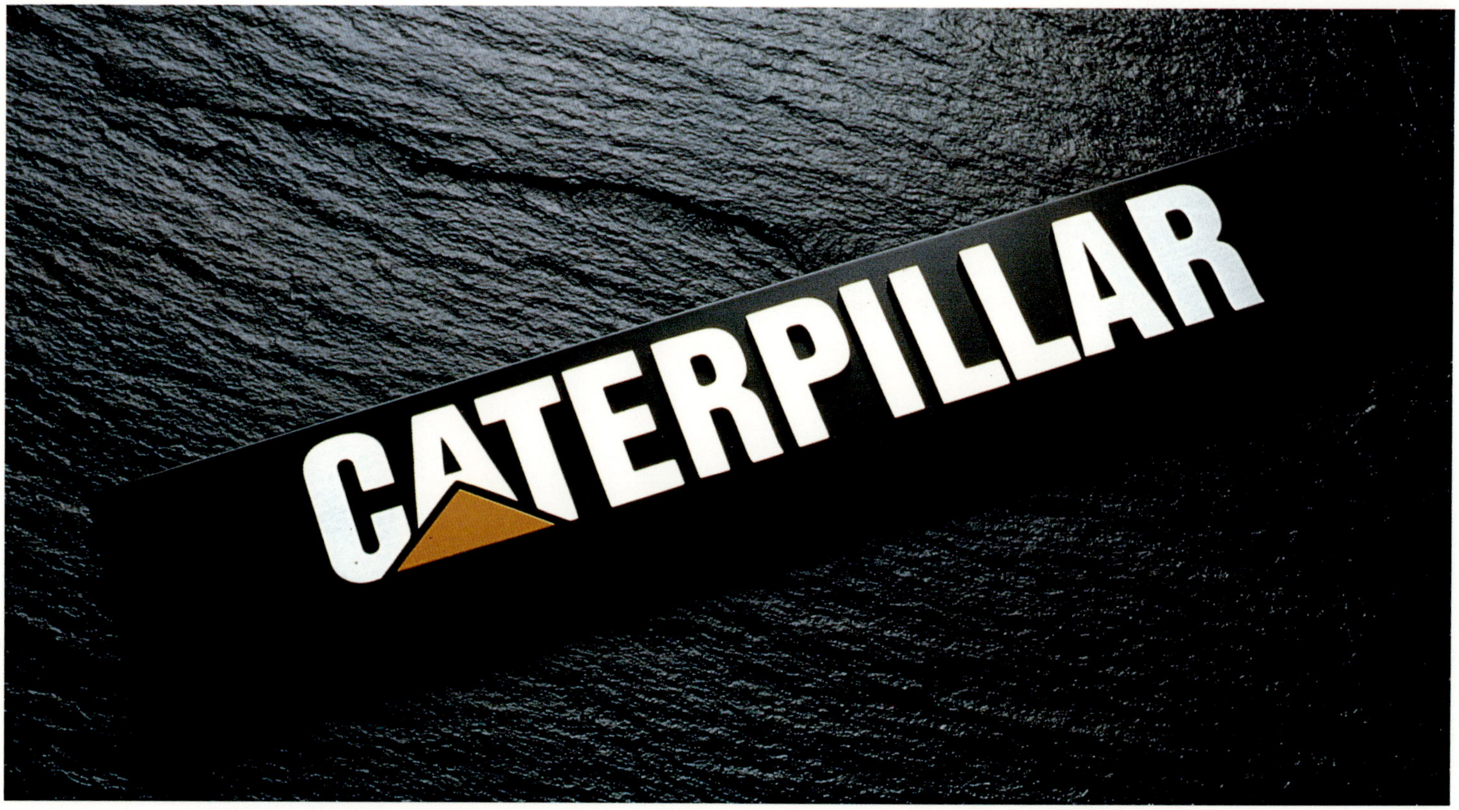
CATERPILLAR

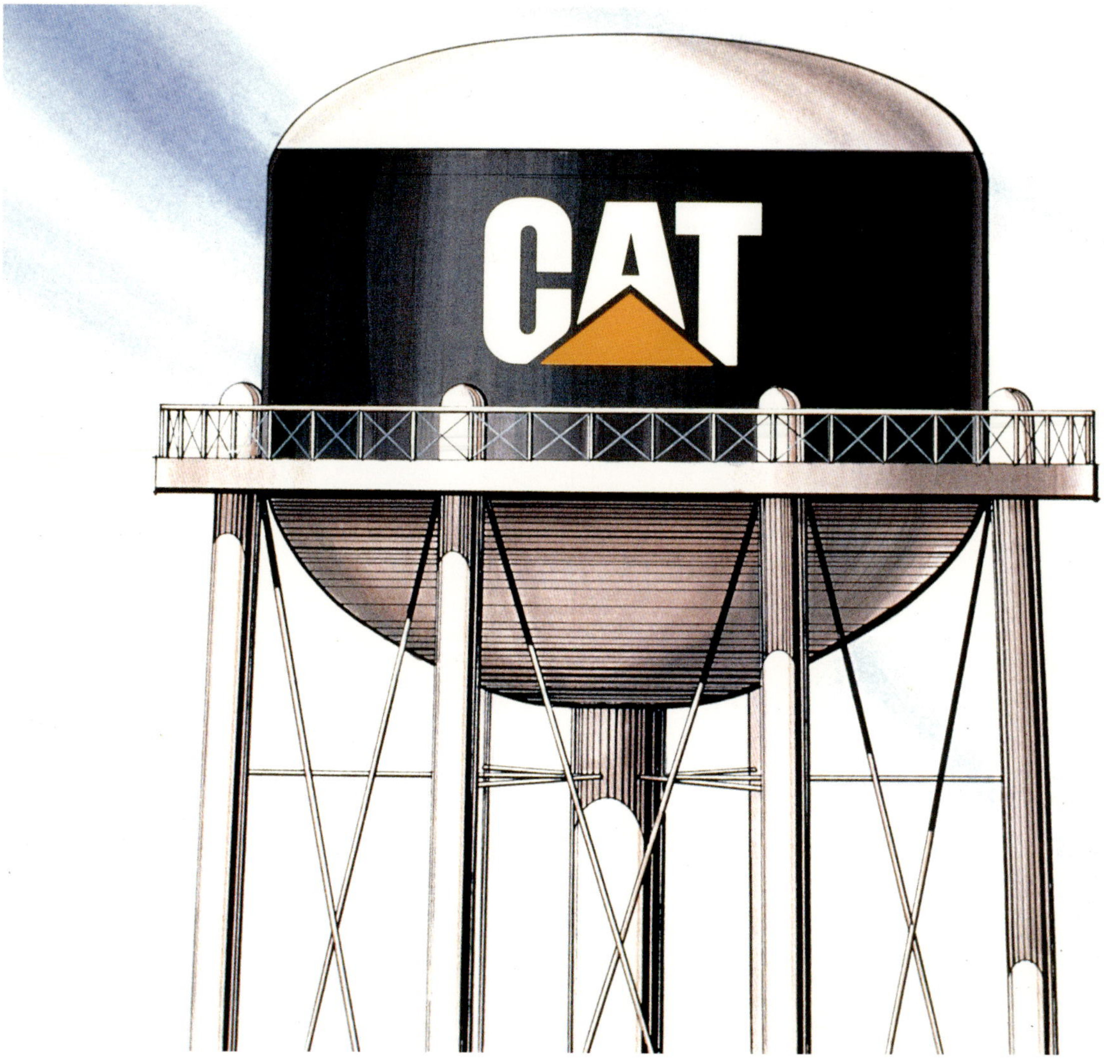
CAT

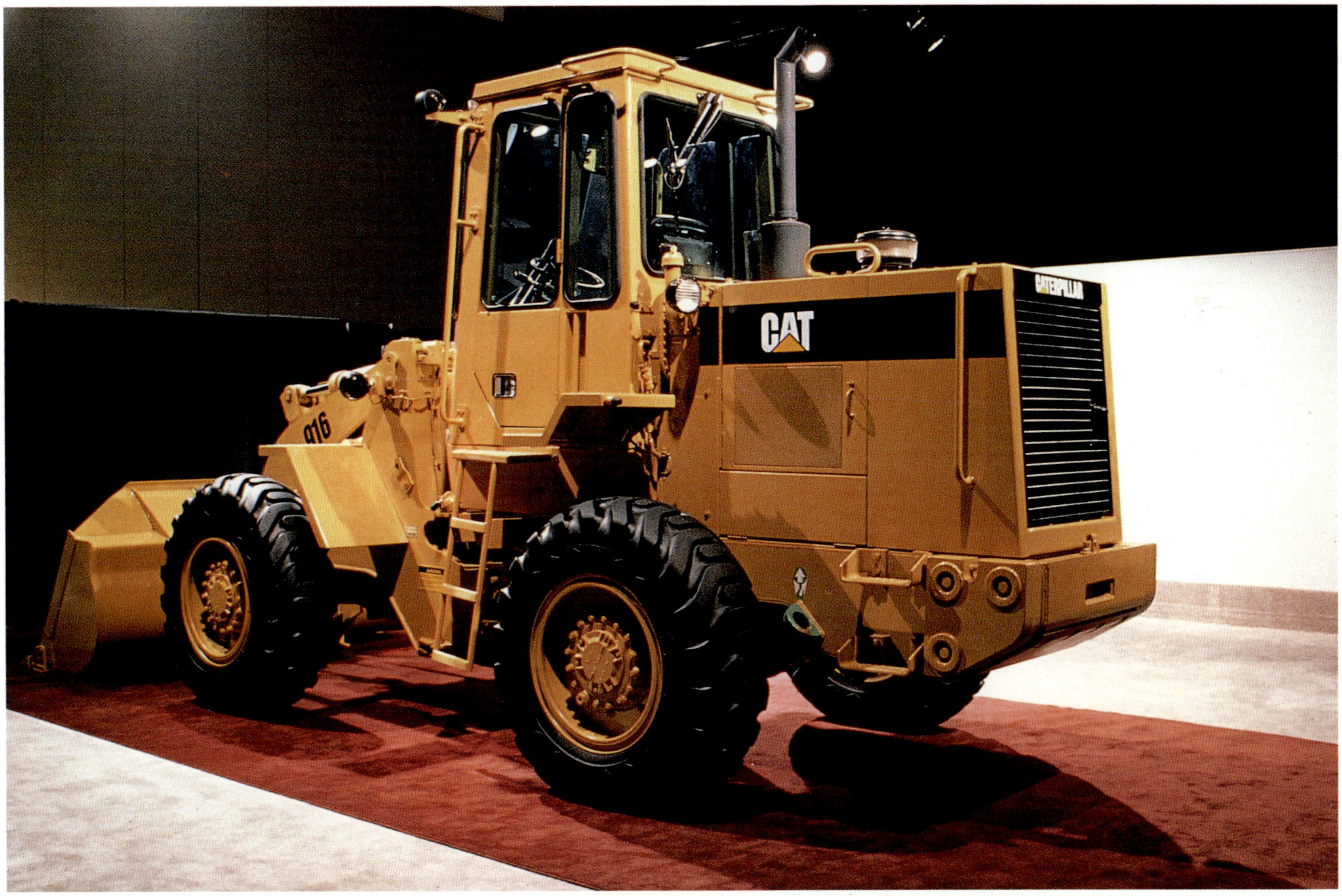
CATERPILLAR
CAT
916

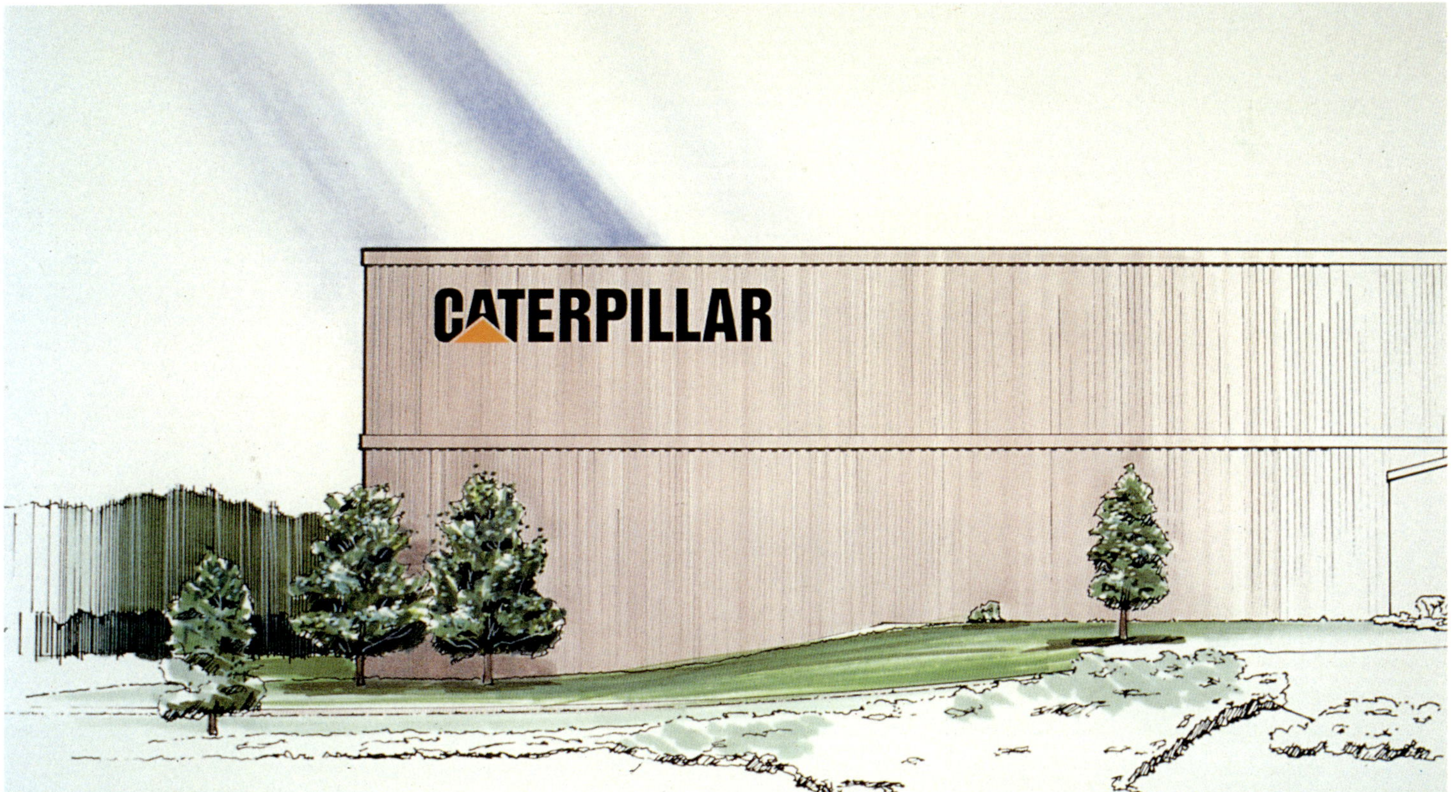
CATERPILLAR

27

28

Linde Union Carbide
Gas and Welding Products

Designer: Robert Burns
Canada

A

B

C

D

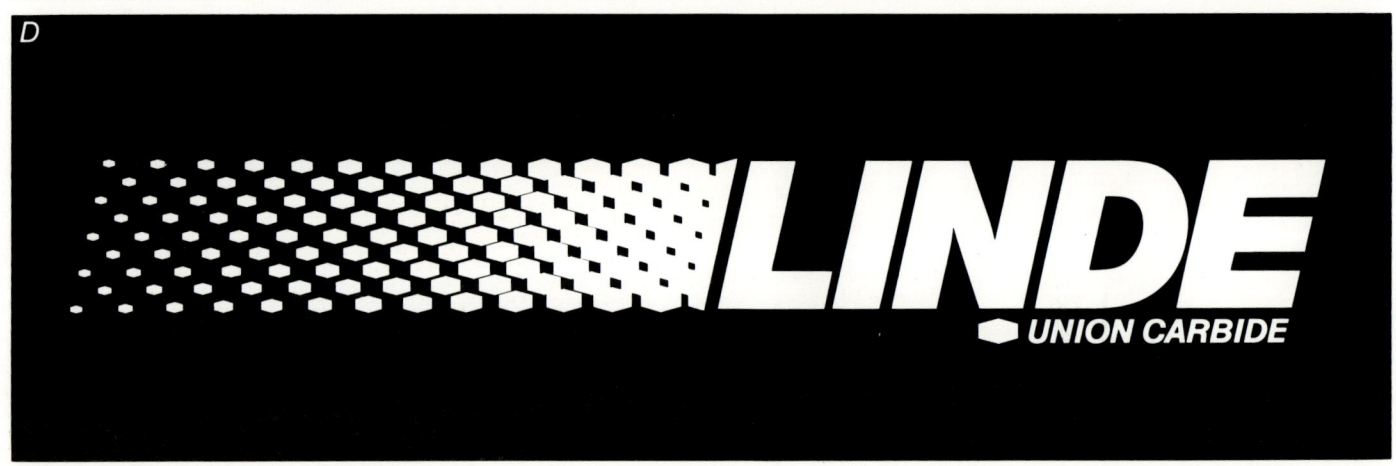

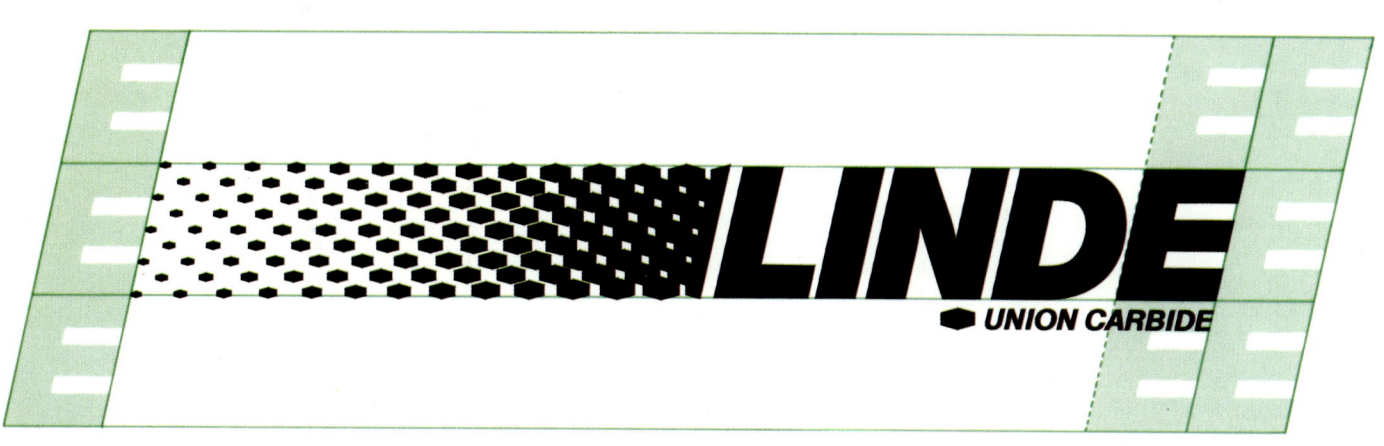

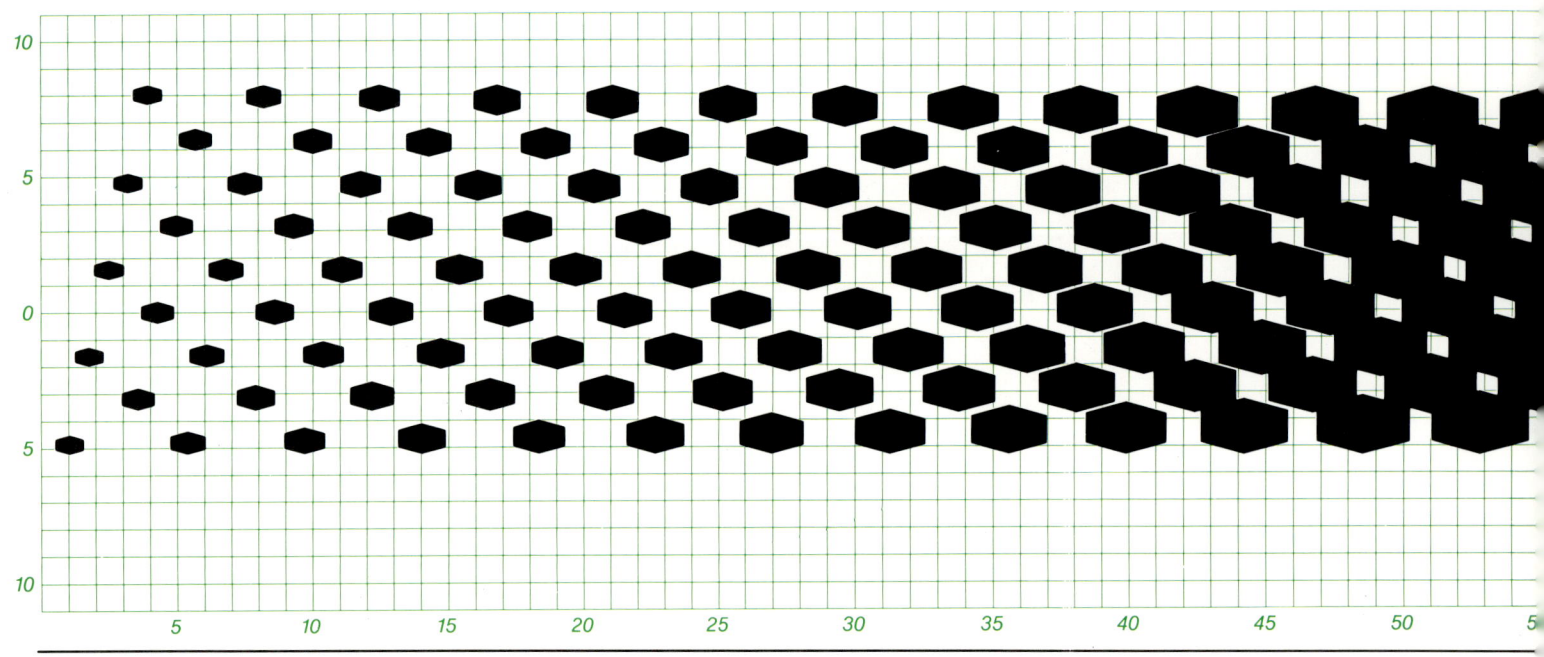

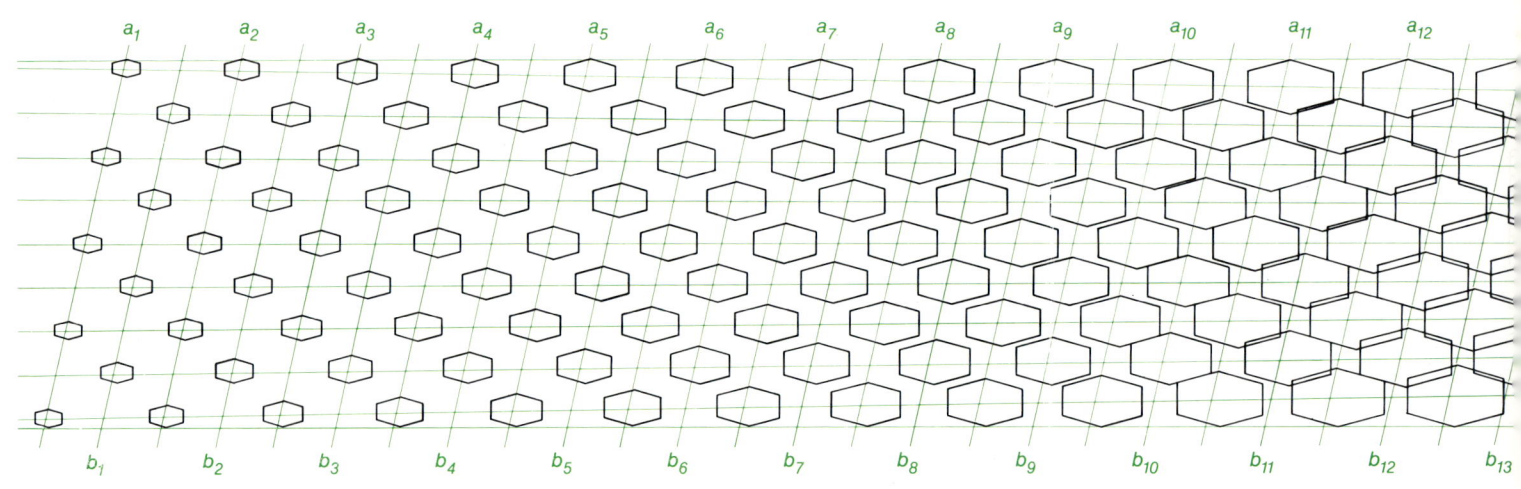

A.

34

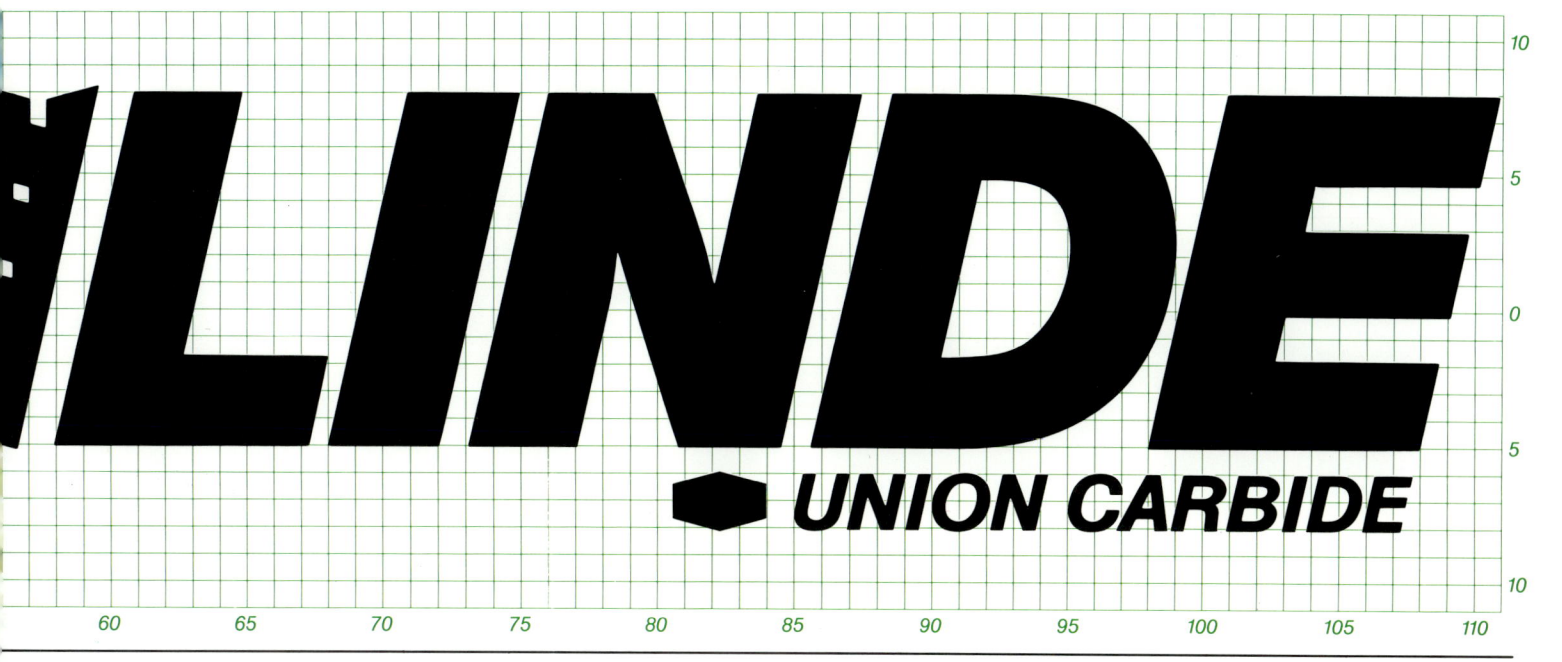

B.

ACME
WELDING
SUPPLIES
LIMITED

35

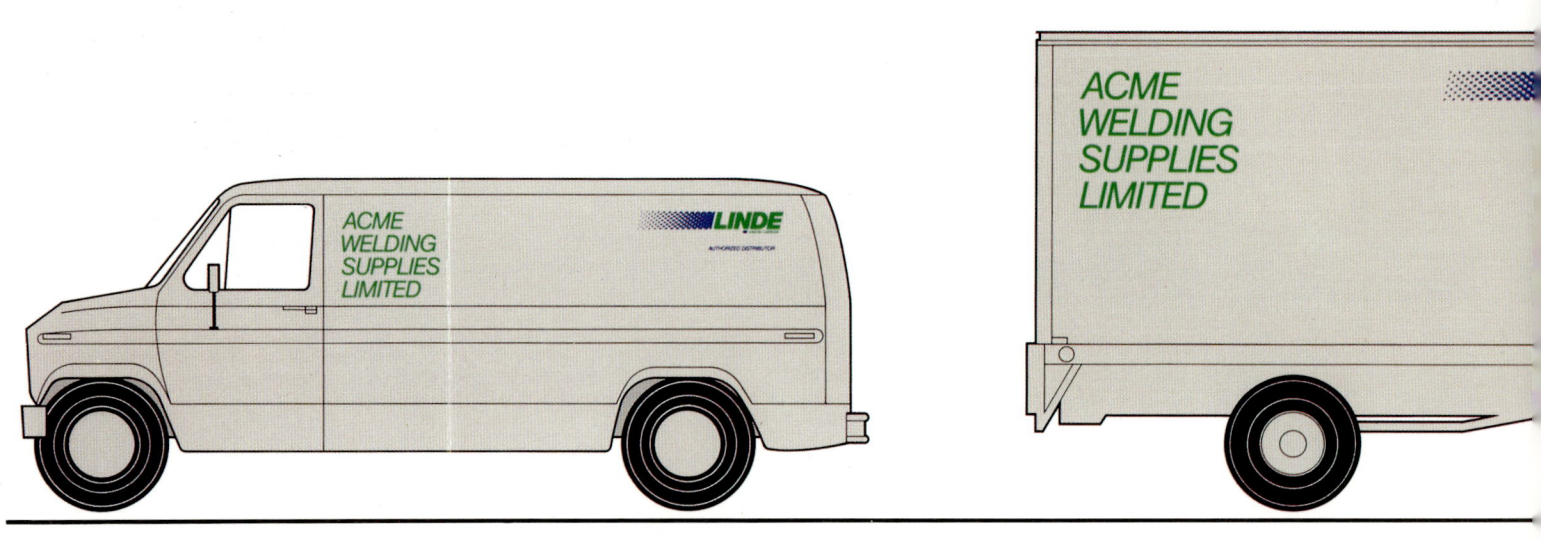

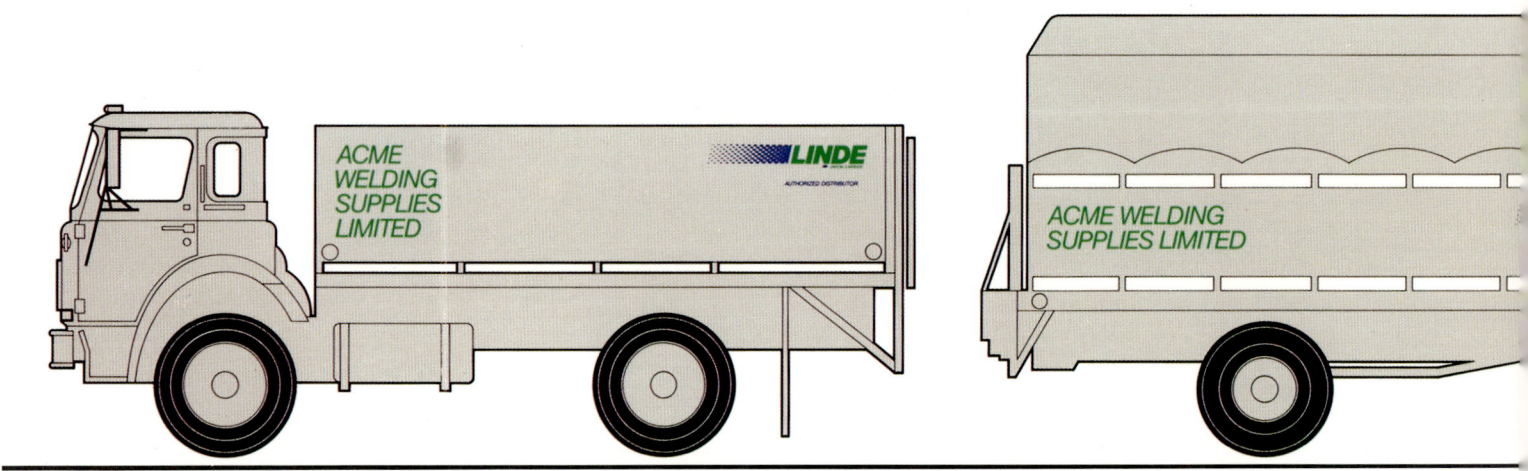

36

ACME
WELDING
SUPPLIES
LIMITED

LINDE
AUTHORIZED DISTRIBUTOR

ACME WELDING
SUPPLIES LIMITED

LINDE
AUTHORIZED DISTRIBUTOR

ACME WELDING
SUPPLIES LIMITED

LINDE
AUTHORIZED DISTRIBUTOR

37

ACME
WELDING
SUPPLIES
LIMITED

123 Main Street
Centerville, Ontario
A1B 2C3

LINDE UNION CARBIDE AUTHORIZED DISTRIBUTOR

ACME
WELDING
SUPPLIES
LIMITED

123 Main Street
Centerville, Ontario
A1B 2C3

LINDE UNION CARBIDE AUTHORIZED DISTRIBUTOR

ACME
WELDING
SUPPLIES
LIMITED

123 Main Street
Centerville, Ontario
A1B 2C3
(321) 555-2222

John Smith
President

LINDE UNION CARBIDE AUTHORIZED DISTRIBUTOR

LINDE UNION CARBIDE CONS SUPP

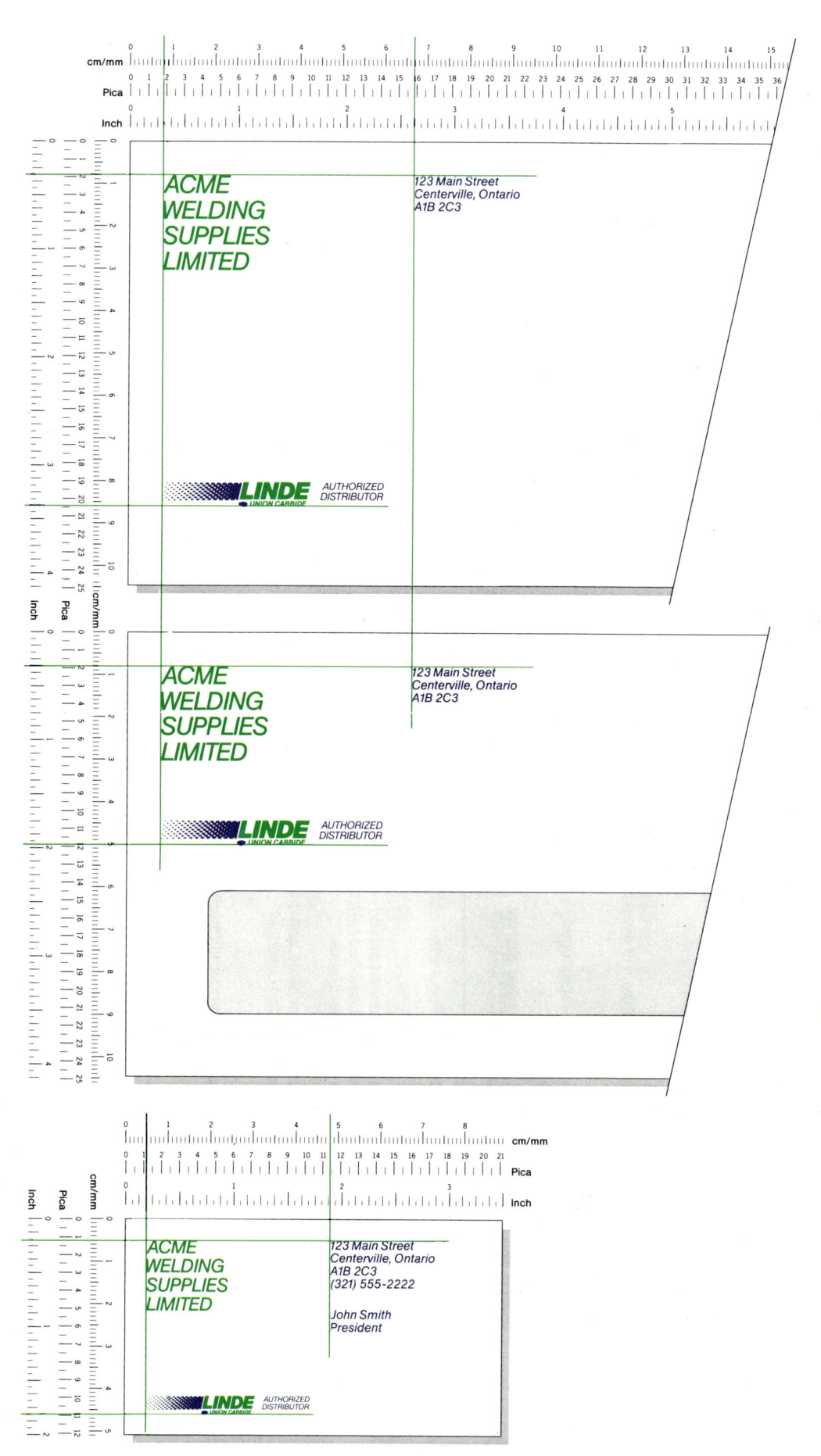

9810 62nd Av
Edmonton, Alb
T6E 0E3
(403) 435-3702
P.O. Box 250
Edmonton, Alberta
T5J 2J1

Edmonton Northside
14578 121A Avenue
T5L 4L2

Hinton, Alberta
P.O. Box 1097
T0E 1B0

39

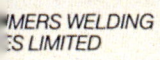

ABCDEFGHIJ
KLMNOPQRS
TUVWXYZ
1234567890
$ & . , - : ; " "
« » ? ! % ( ) WORD SPACE

OXWELD®

OXWELD®

A

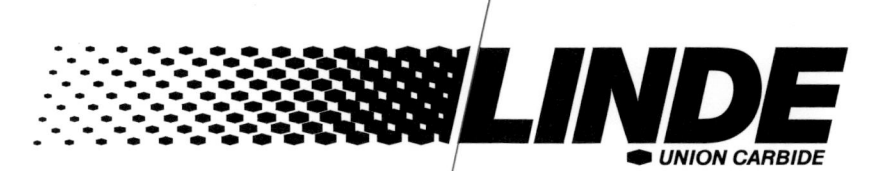

LINDE
UNION CARBIDE

Lorem ipsum dolor sit amet
consectetur adipiscing elit, sed
diam nonnumy tempor incidunt

LINDE
UNION CARBIDE

Lorem ipsum dolor sit amet
consectetur adipiscing elit, se
diam nonnumy tempor incidu

B

LINDE
UNION CARBIDE

Lorem ipsum dolor sit an
consectetur adipiscing el
diam nonnumy tempor in

Lorem ipsum dolor sit amet
consectetur adipiscing elit, sed
diam nonnumy tempor incidunt

LINDE
UNION CARBIDE

Lorem ipsum dolor sit amet
consectetur adipiscing elit,
diam nonnumy tempor incid

Domit
Leather Goods

Design Firm: Re/Diseno
Mexico

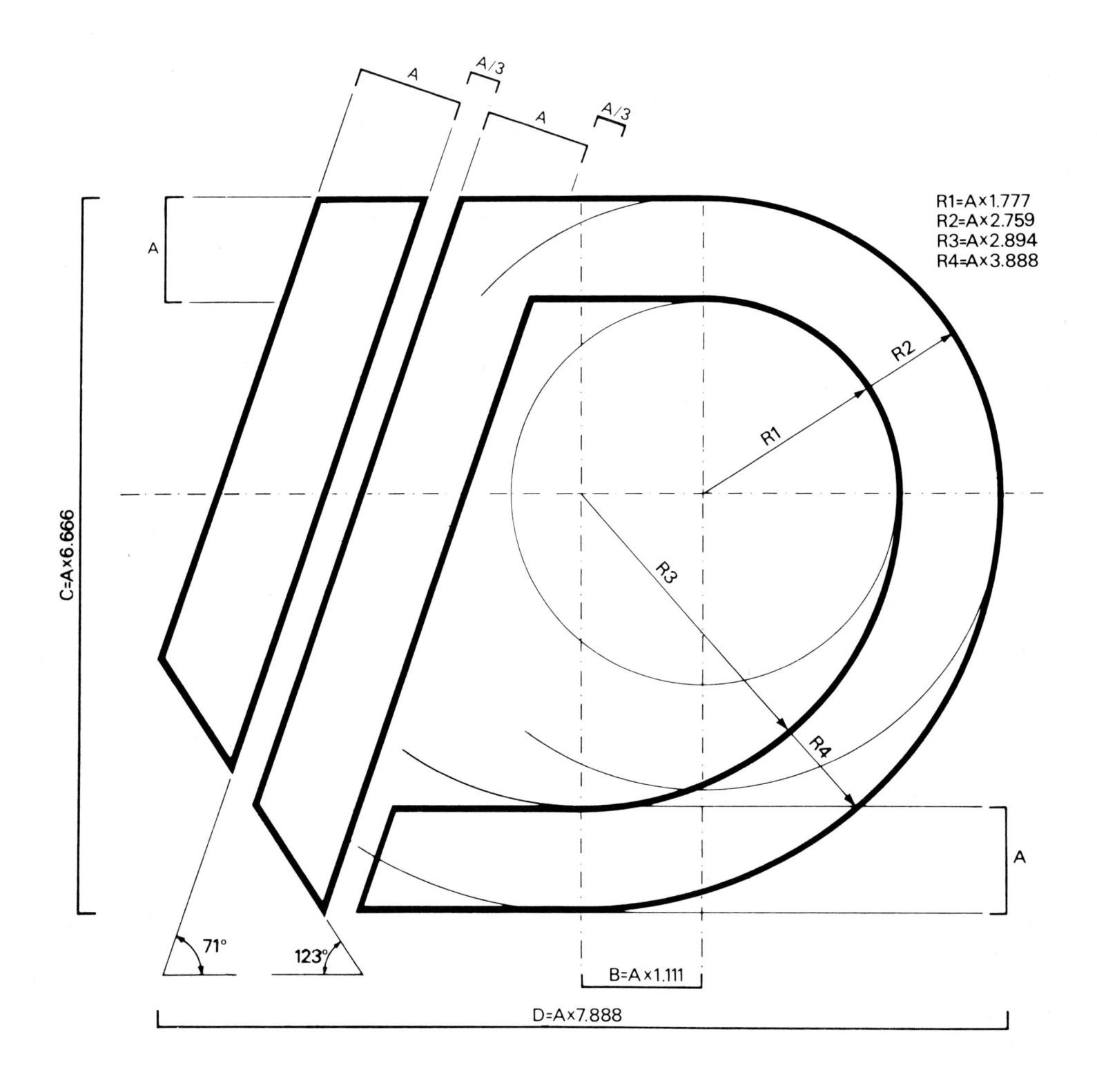

NUNN BUSH

Grupo Domit ⌐D

Grupo Domit

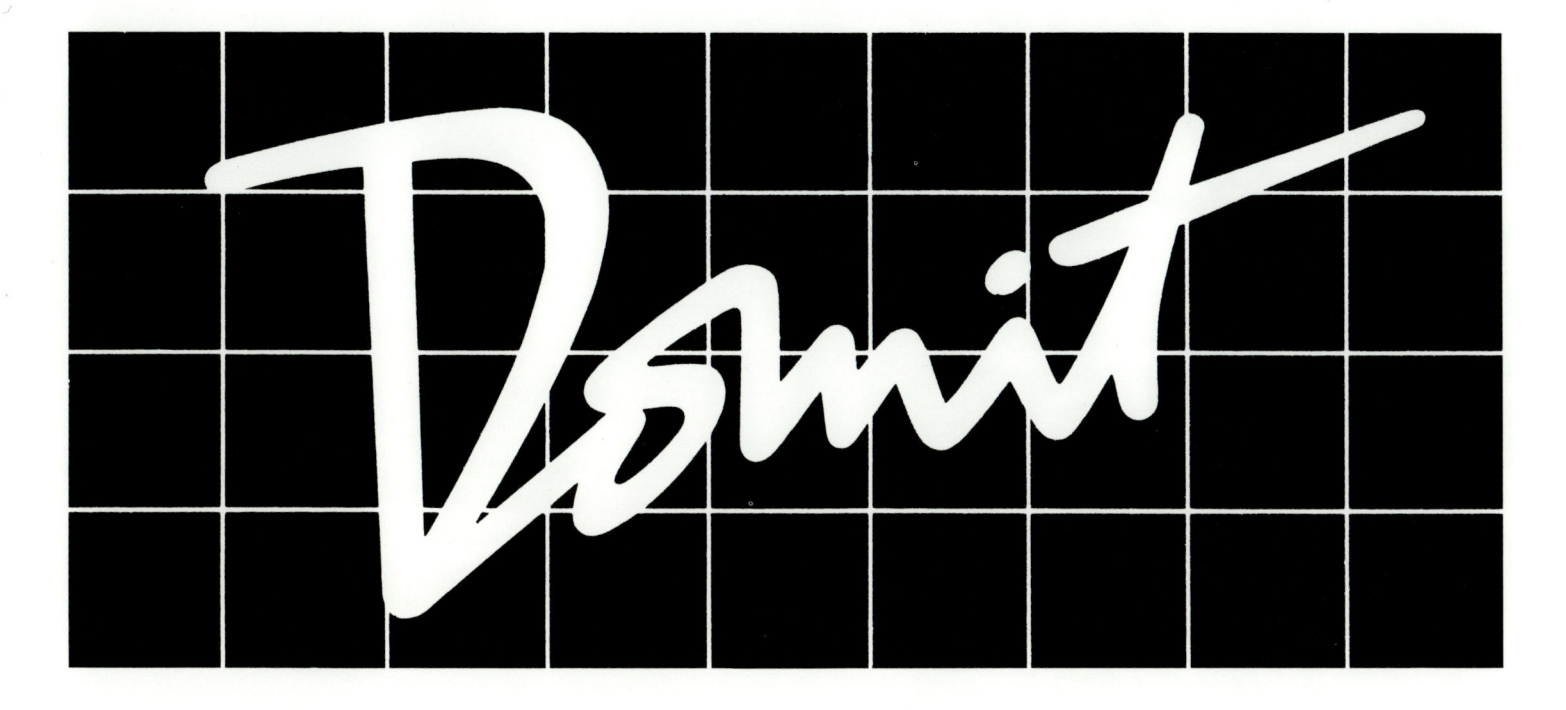

Domit

46

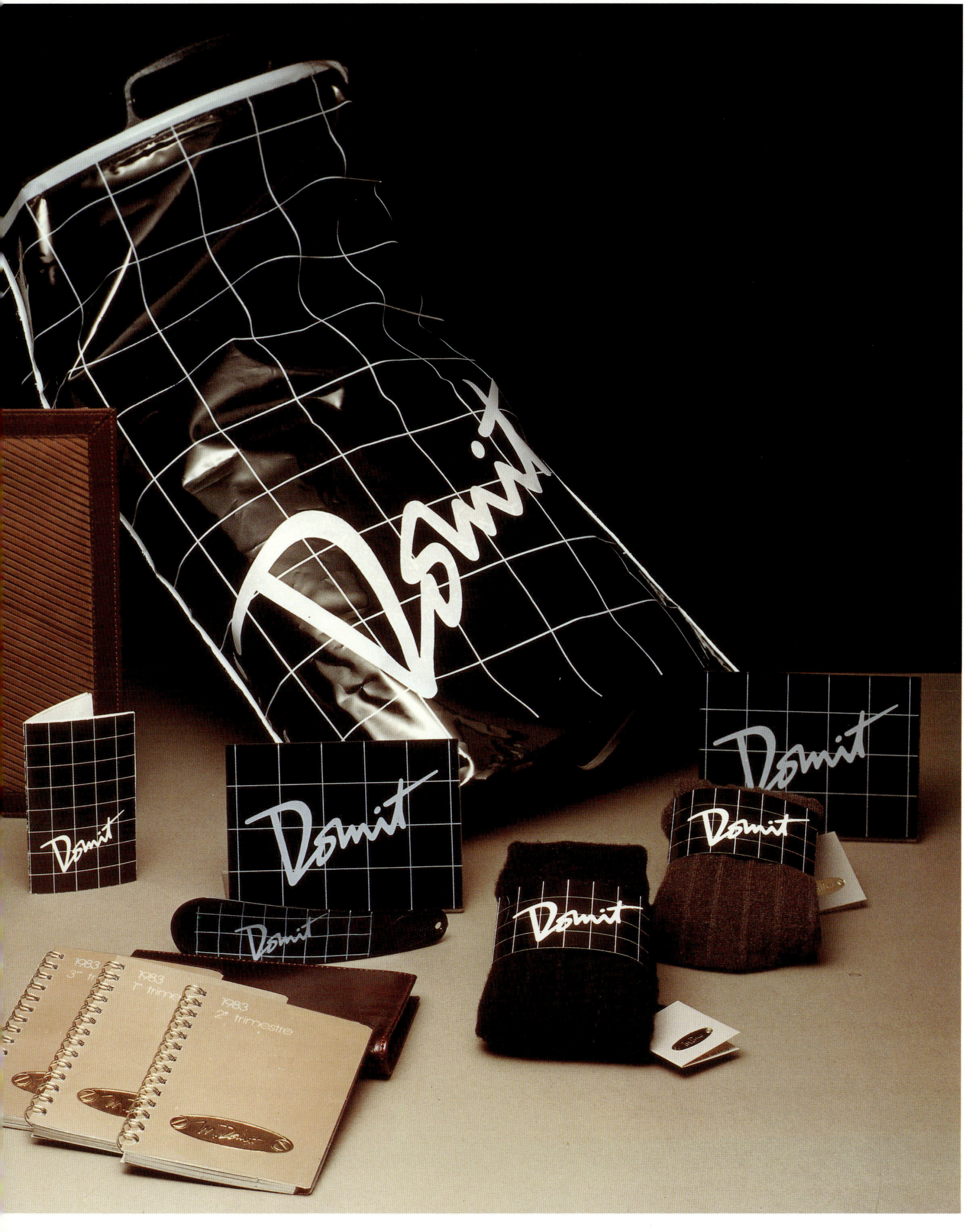
Domit
Domit
Domit
Domit
1983
2e trimestre

MARCA DOMIT/APLICACION A FACHADAS

En esta página se muestra la aplicación óptima de las distintas marcas en la retícula de cuadros: Para NUNN BUSH existen dos formatos que se utilizarán según la importancia o legibilidad que se le quiera dar a las marcas. El formato horizontal de Domit es el más apropiado para casos como este. En todos los casos se deberán respetar el acomodo y las posiciones aquí propuestas.
Todas las marcas de la compañía se pueden combinar indistintamente, dejando por lo menos 4 cuadros entre marca y marca.
En fachadas menores a 5 mts. de longitud, se deberá aplicar la marca NUNN BUSH vertical (NUNN arriba de BUSH).

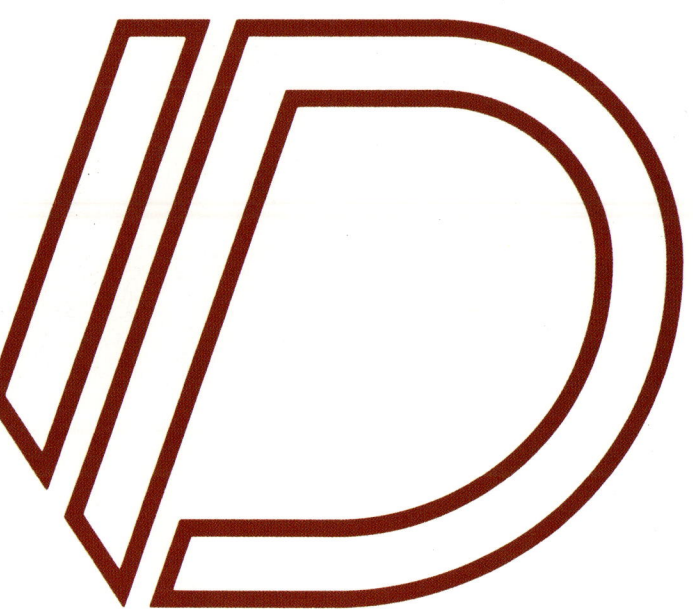

x/5 · x/5

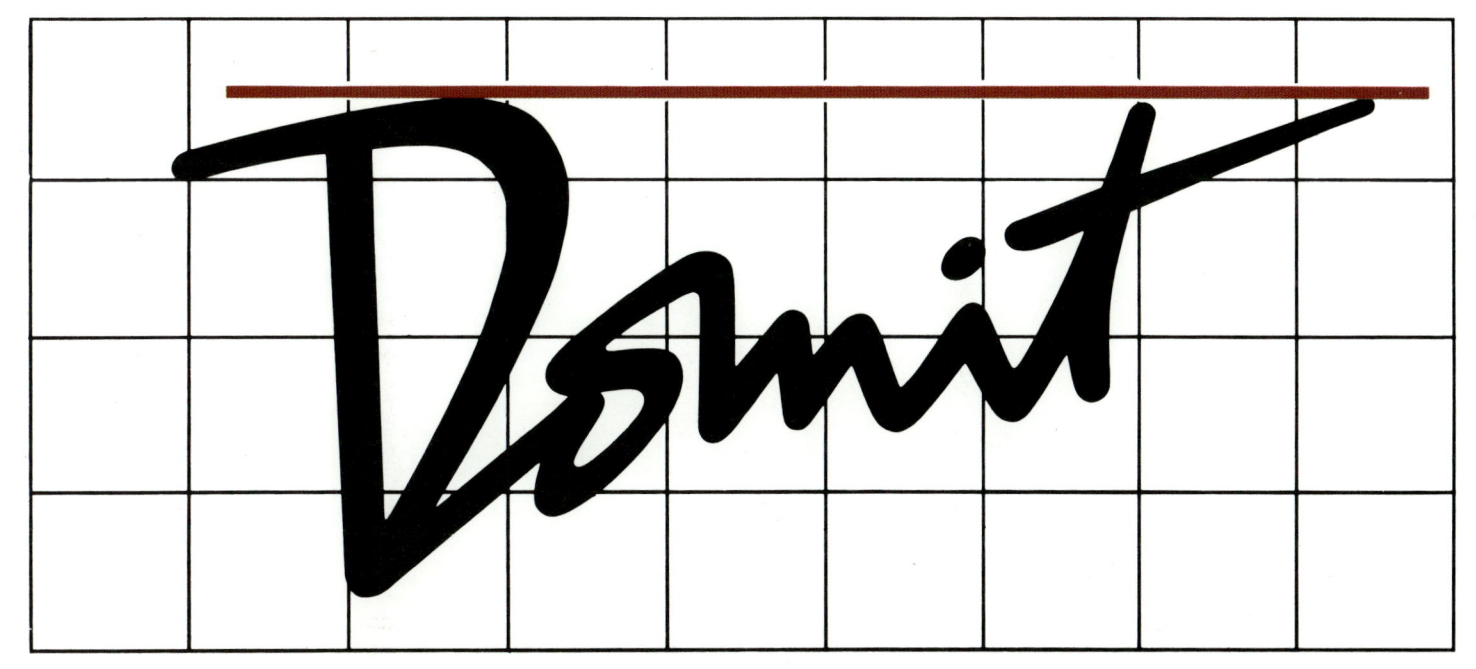

x

x/5 · x/5

49

30°

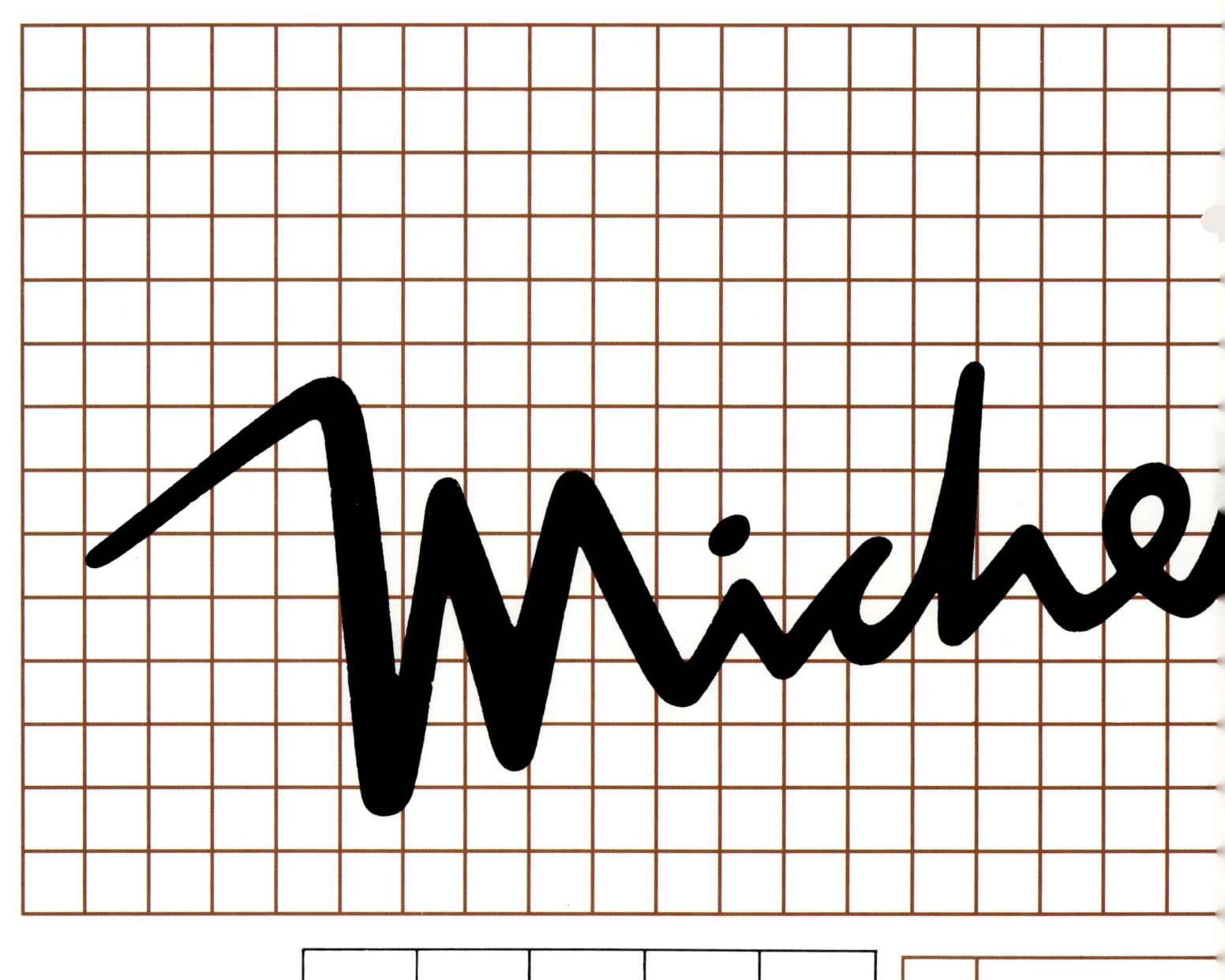

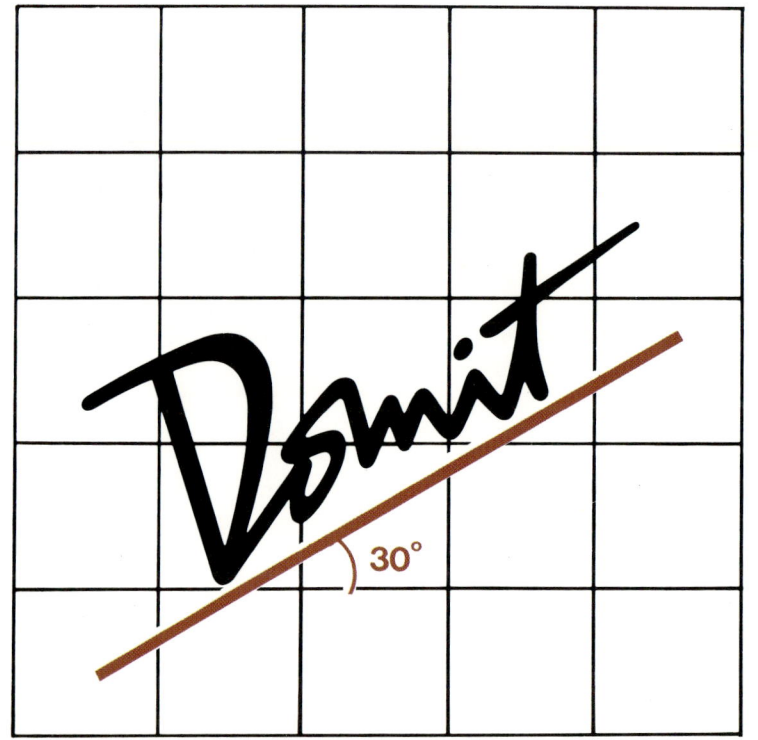

×/4

×/4

50

Domit

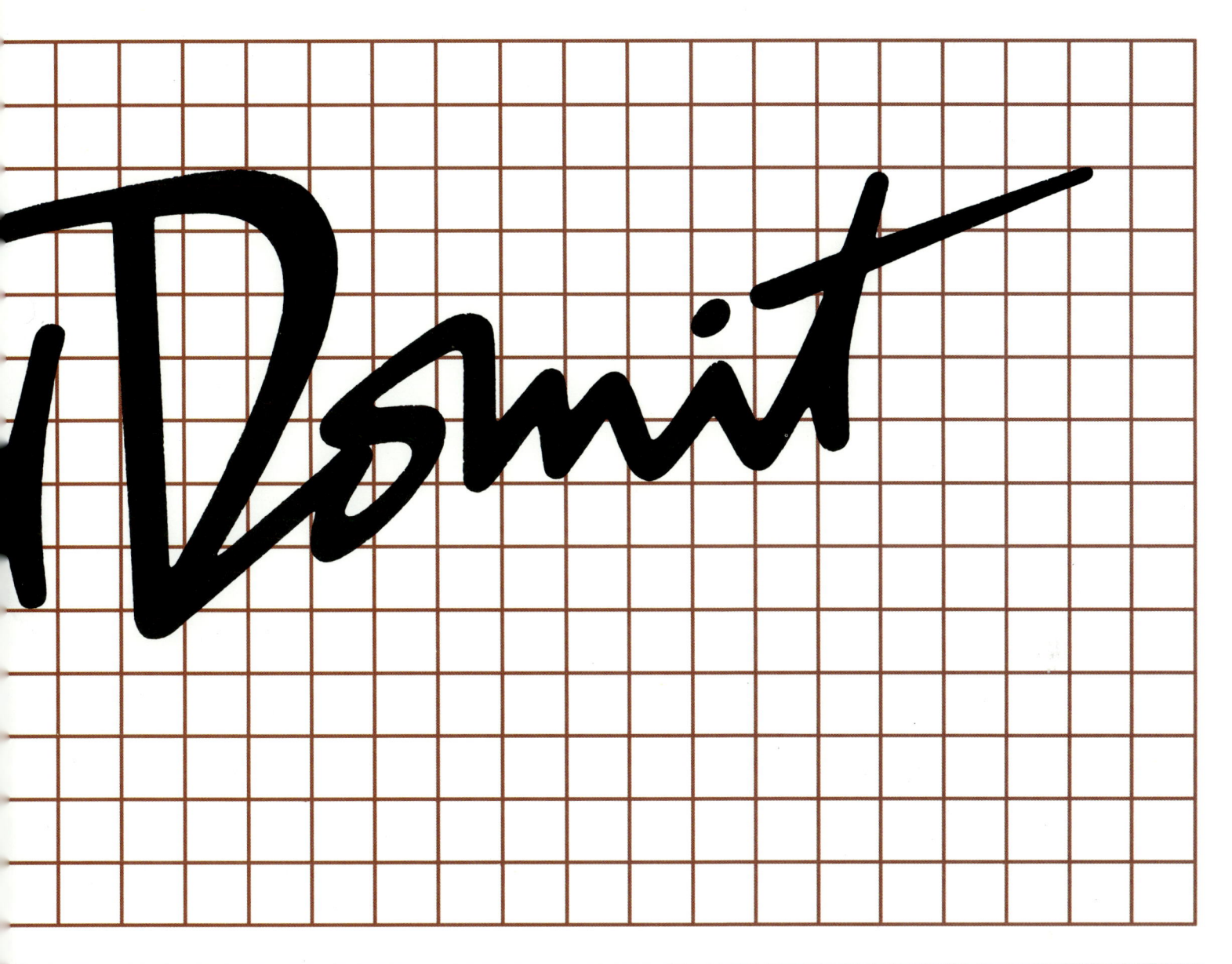

Michel Domit

x/4
x
x/4

51

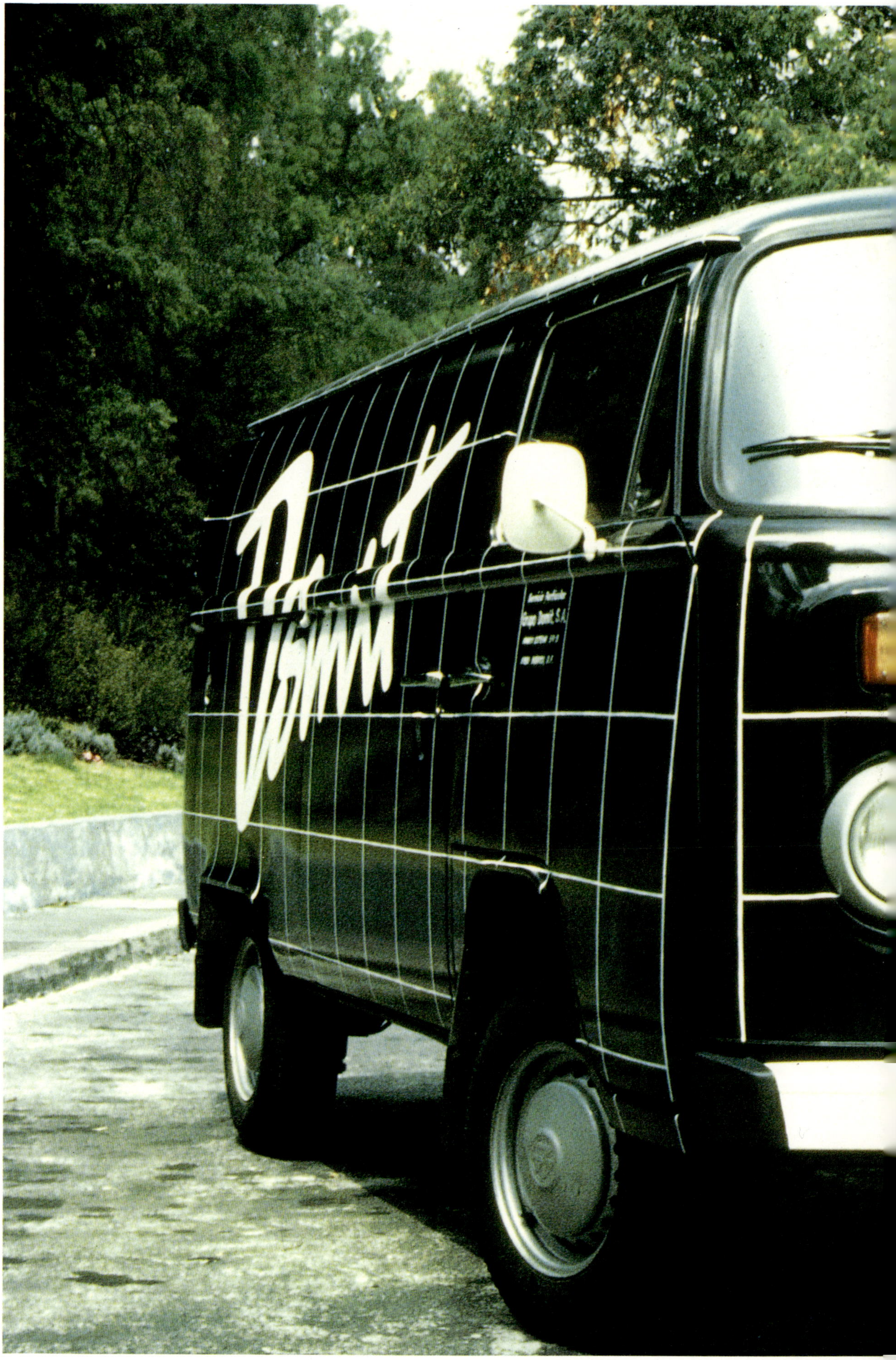

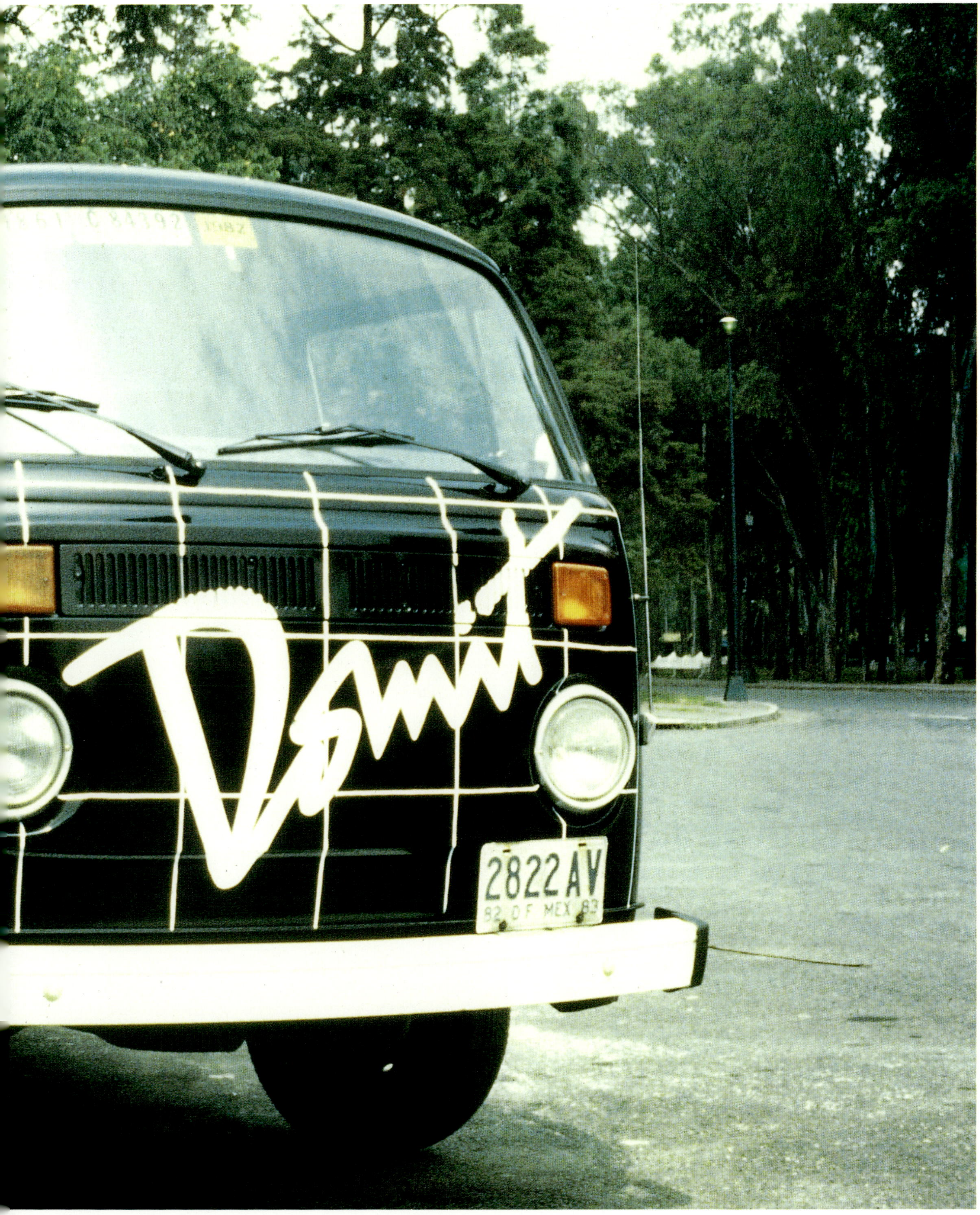
2822 AV
82 DF MEX 83

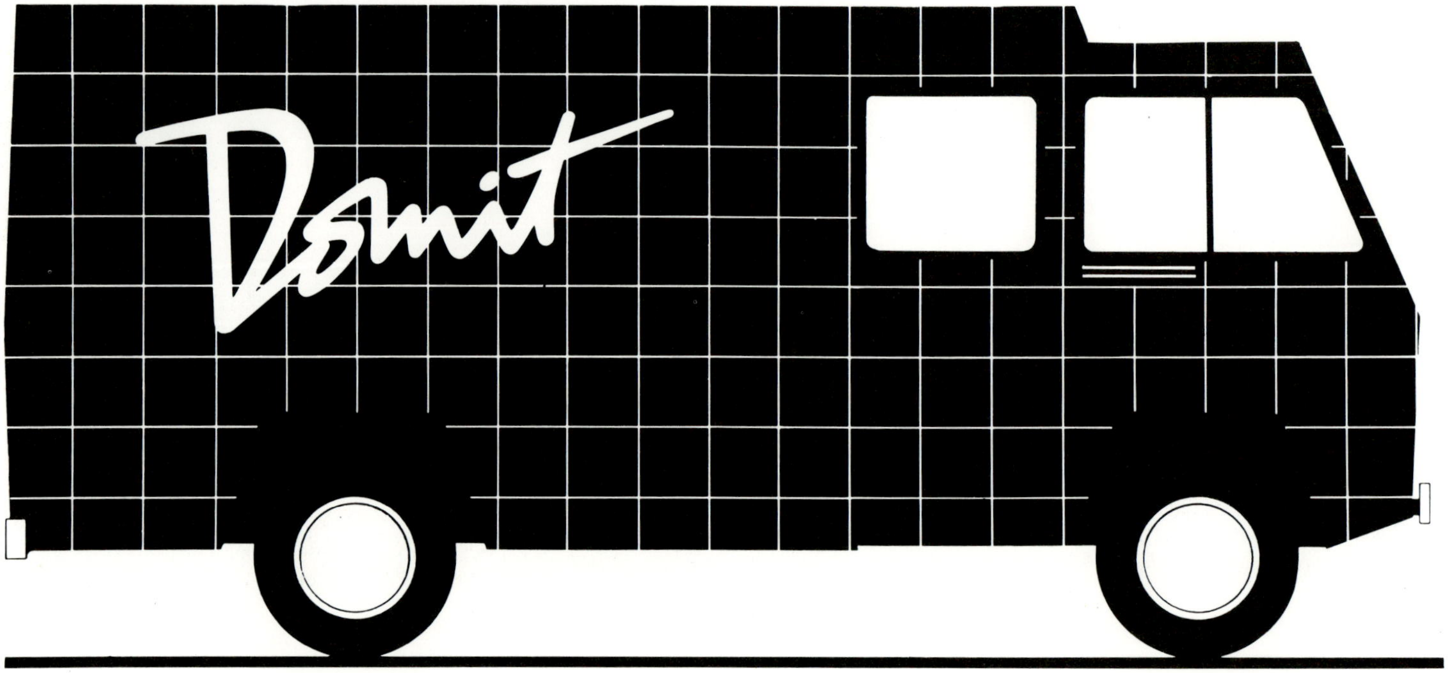
Domit

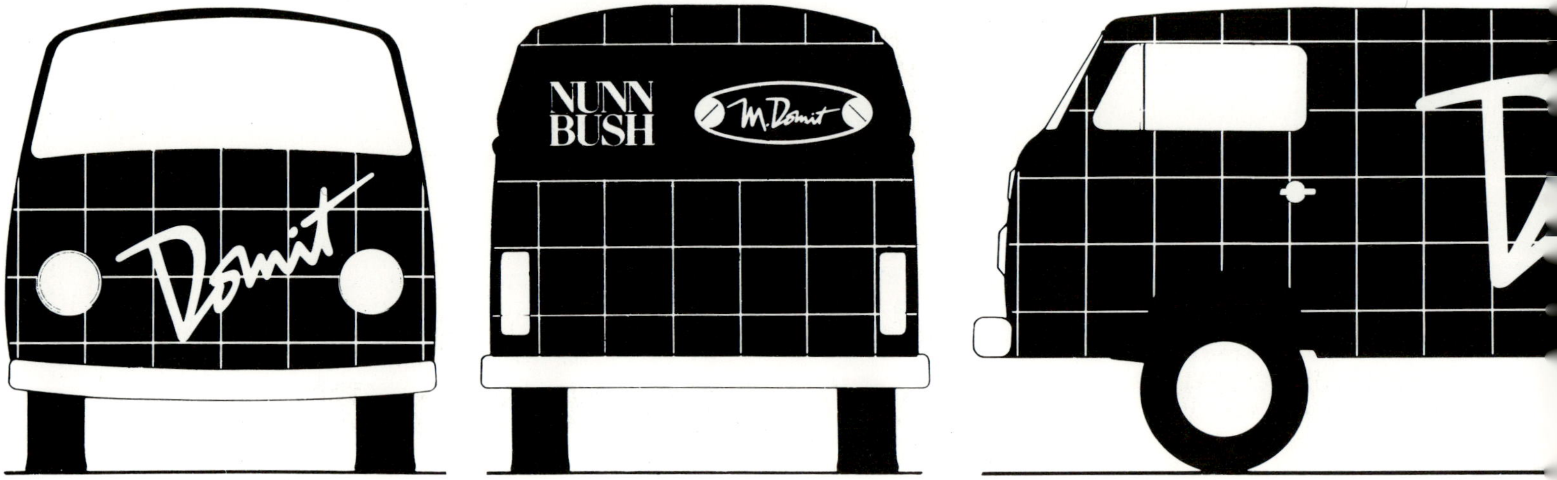
Domit
NUNN
BUSH
M. Domit

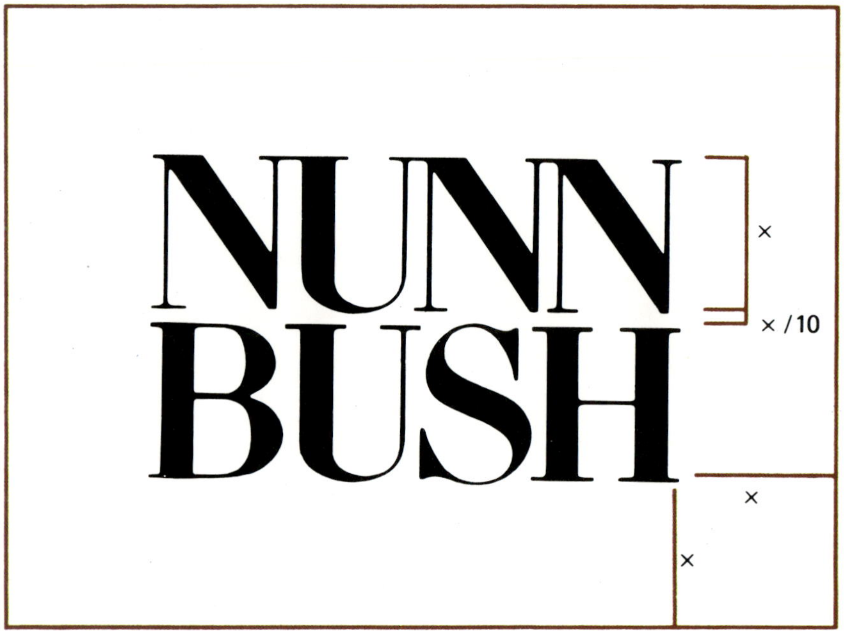
NUNN
BUSH
×
× /10
×
×

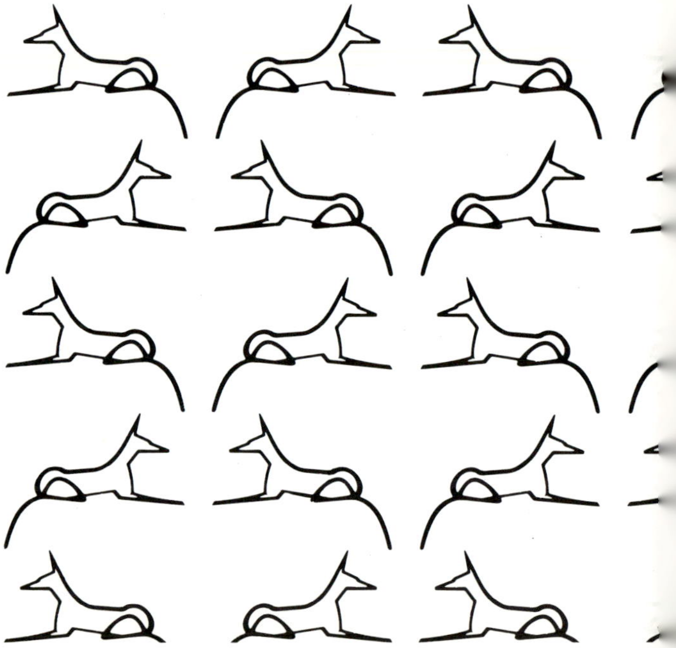

55

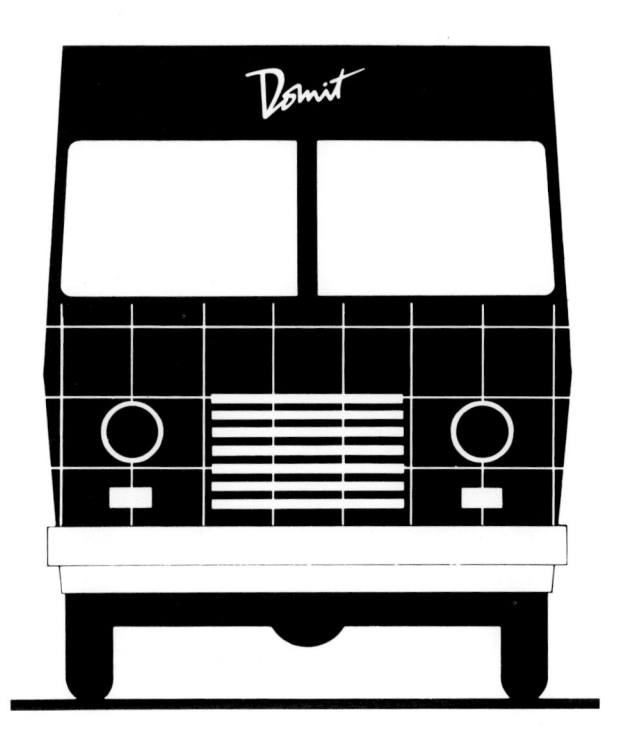

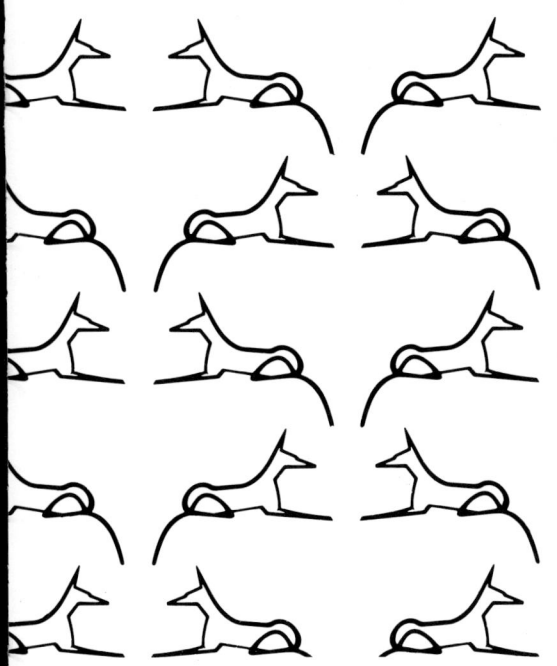

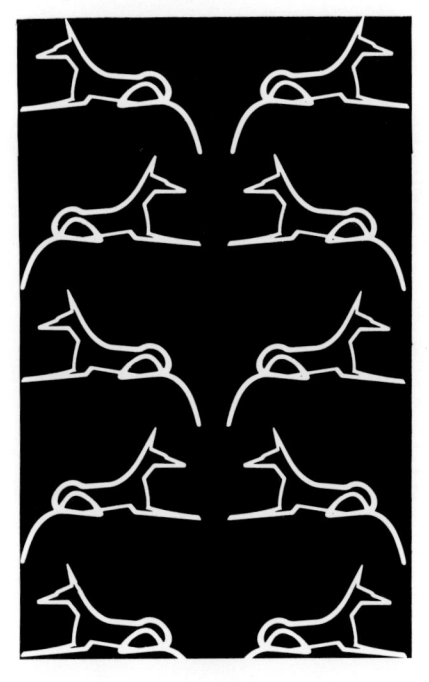

Kia A-JU METAL

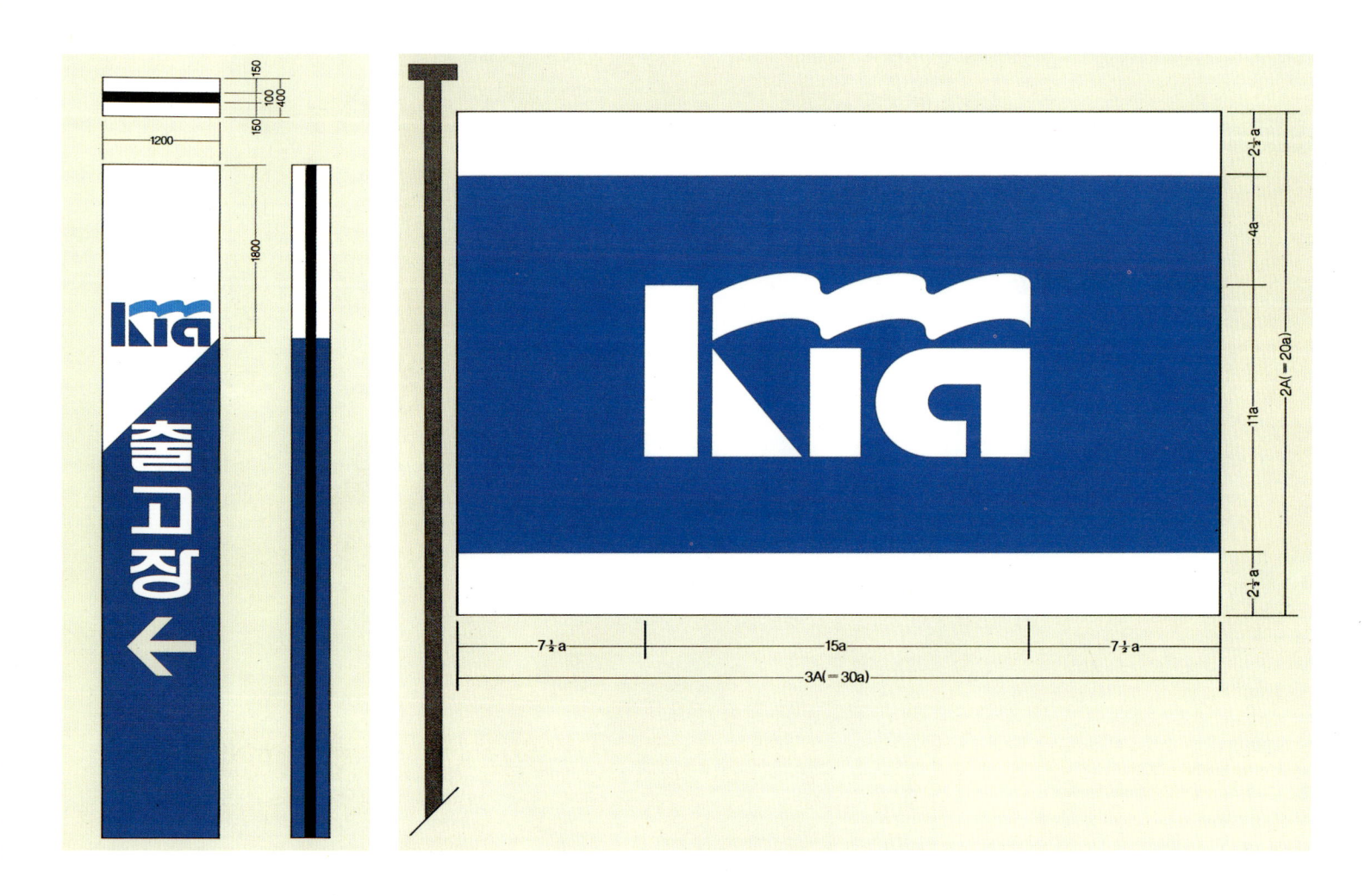

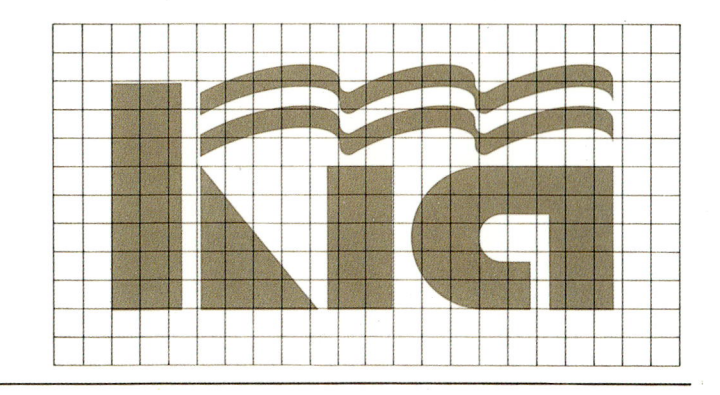

응용형 - Line Type B

응용형 - Outline Type

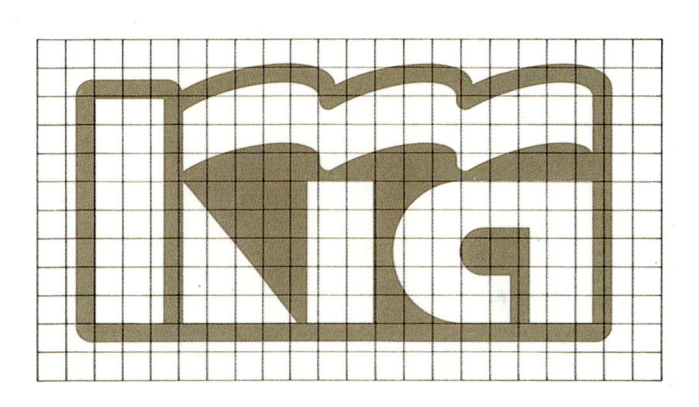

59

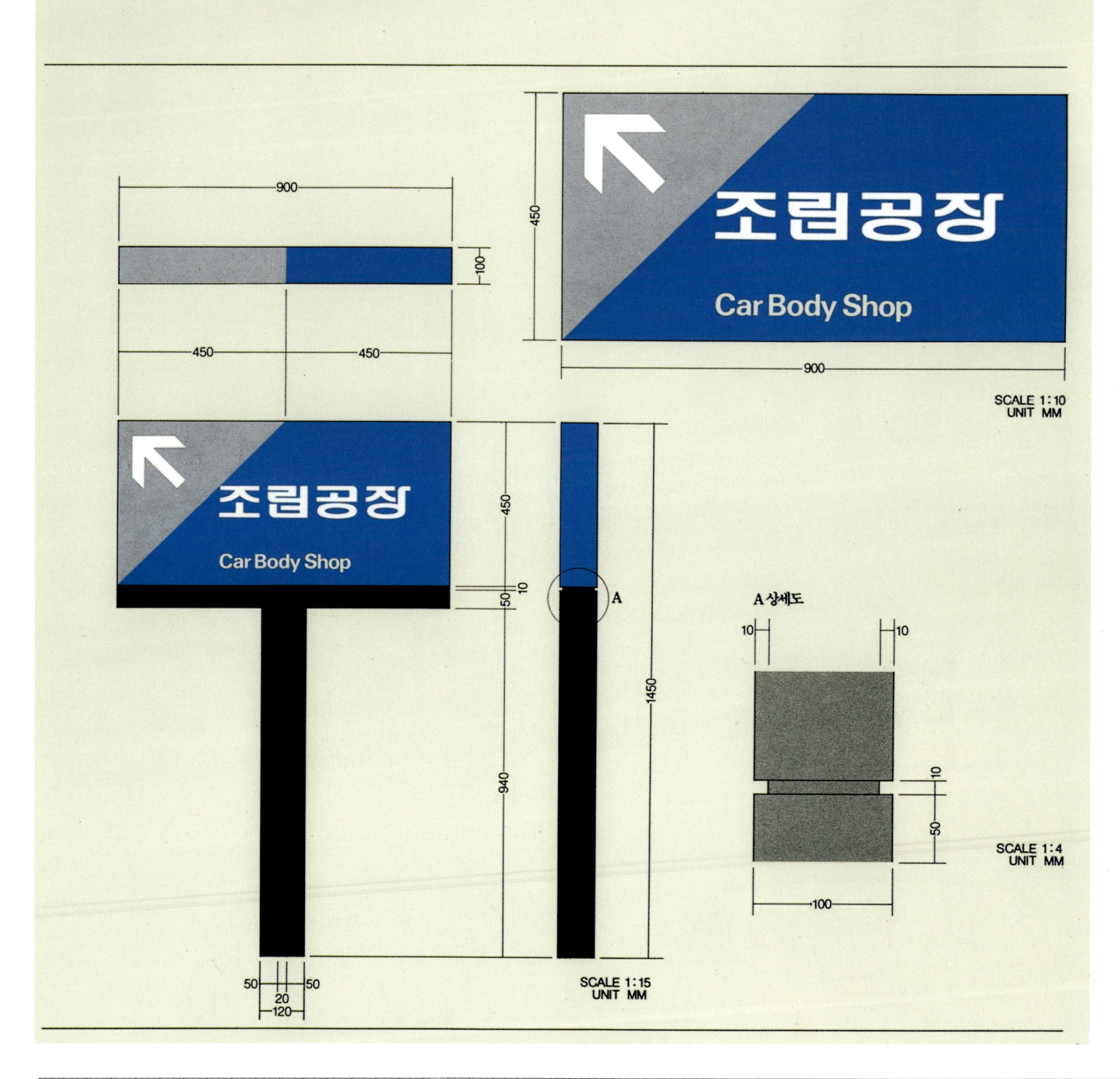

APPLICATION SYSTEM 27

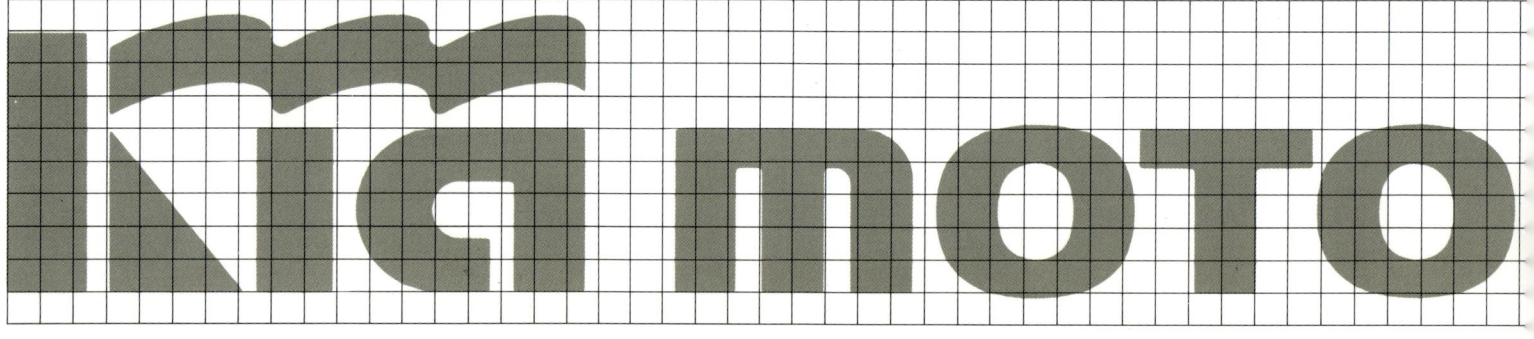

조립공장
Car Body Shop

조립공장
Car Body Shop

A 상세도

SCALE 1:10
UNIT MM

SCALE 1:15
UNIT MM

SCALE 1:4
UNIT MM

APPLICATION SYSTEM 6

해외용 항공봉투는 크기에 따라 일반 사이즈(Size)와 대형 사이즈(Size)로 구분한다.
본 항에 예시한 봉투는 대형 사이즈로 원고제작은 좌측상단에 영문 코퍼리트 시그니춰를 배치하고 주소등의 문안은 유니버스 라이트체(Univers Light)를 7 포인트(Point)로 전자사진 식자한다.

색상은 기아블루(Kia Blue)단색이며 지질은 모조지, 하드롱지, 크라프트지, 레자크지 등에서 임의로 선택하여 옵셋(Off Set) 인쇄한다.
※ 치수의 단위는 ㎜/m이다.

KIA MOTORS

KIA MOTORS CORPORATION
15 YOIDO-DONG, YOUNGDEUNGPO-GU
SEOUL 150 KOREA
C P O BOX 833 SEOUL KOREA
TELEX KIACO K27327
CABLE ADDRESS 'KIASANUP' SEOUL KOREA
TEL (02)784-2481, 783-1501
FAX (02)785-0257

VIA AIR MAIL

기획조사부
PLANNING & RESEARCH
DIVISION

SCALE 1:3
UNIT MM

61

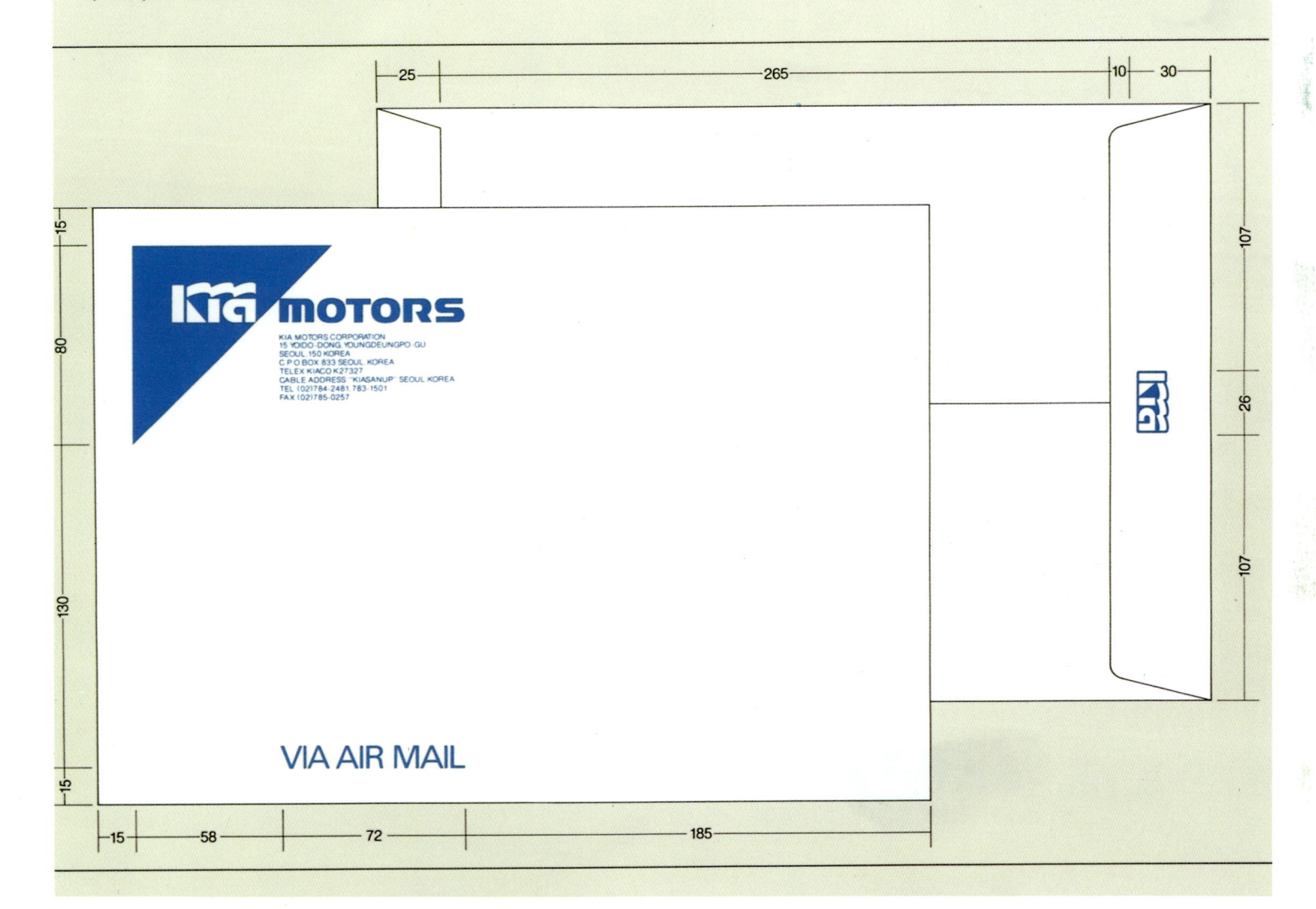

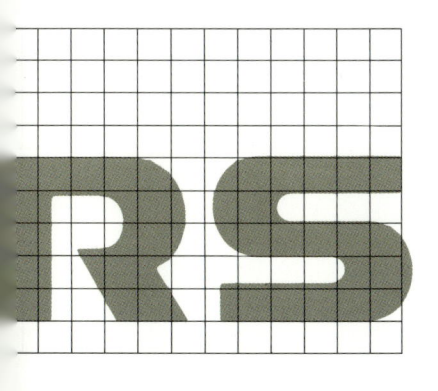

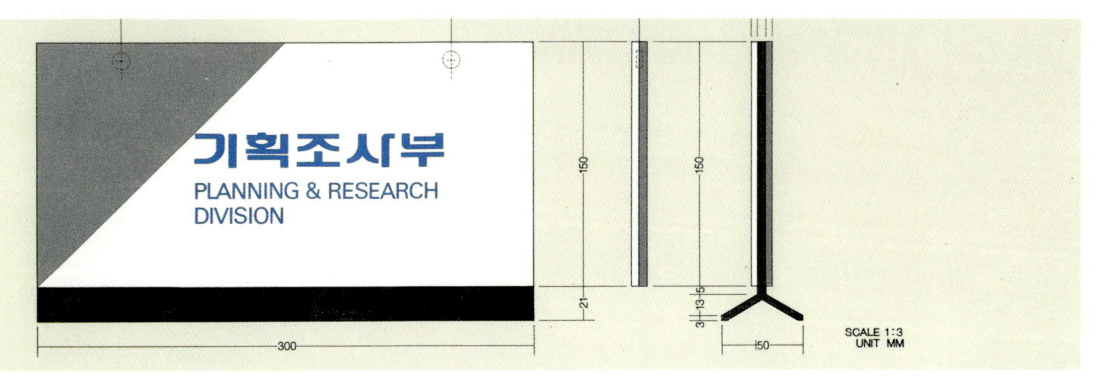

Asia Asia
Asia Asia
Asia Asia
Asia

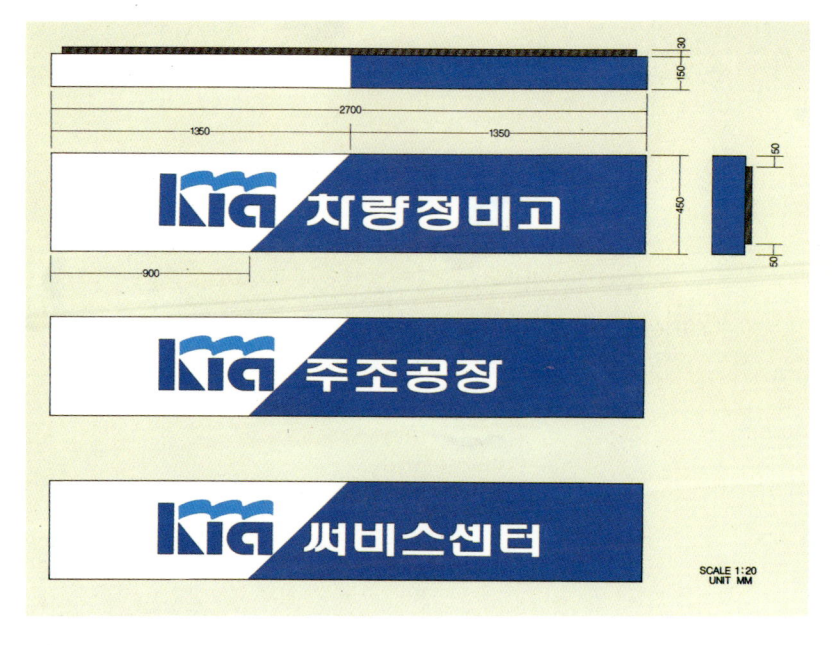

KIA 기아산업 — 5600

KIA 차량정비고	강남영업소 543-0123
KIA 주조공장	직장 민방위대
KIA 써비스센터	의료보험 적용사업장
	직장 정화추진위원회

SCALE 1:20
UNIT MM

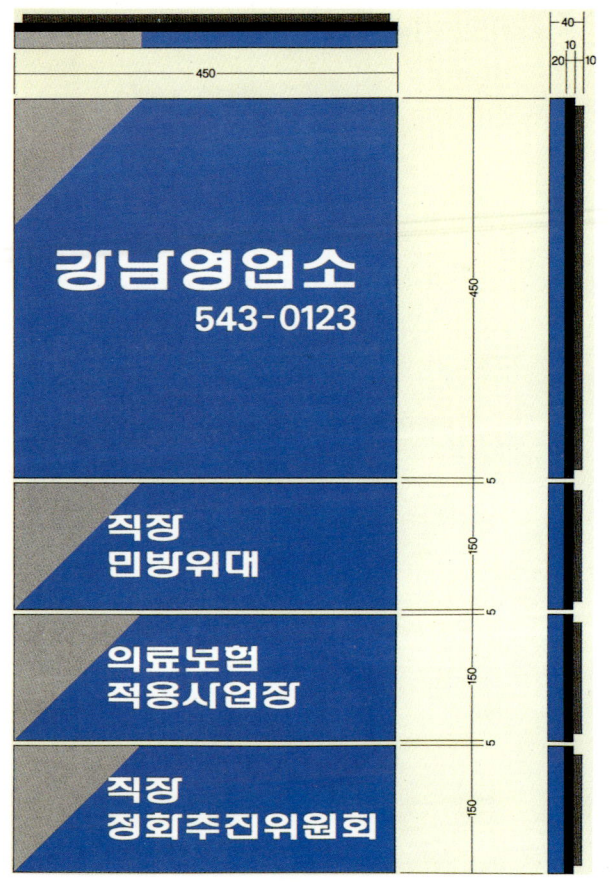

BASIC SYSTEM 26

기아산업의 영문 전용서체는 국문 전용서체와 같이 코퍼리트 로고타이프가 사용되지 않는 표시요소로서 기아산업 C.I.S를 구성하는 중요한 아이템에 사용되는 전용서체로 각종 응용아이템들의 타이틀등에 사용하며 기아산의 이미지를 통일하여 전달하는데 중요한 역할을 한다.
기아산업의 영문 전용서체는 코퍼리트 심볼및 로고타이프와 상호 연결되게 의도적으로 디자인되었음으로 각종 아이템의 성격에 따라 사용되어야 한다.
영문 전용서체를 문자 조립하여 활용할때에는 반드시 오리지날원고 필름에 의하거나 사진제판에 의한 축소·확대의 방법으로 제작 사용한다.

K ABCDEFG
LMNOPQR

ABCDEFGHIJKLMNOP
QRSTUVWXYZ
1234567890

ABCDEFGHIJKLMNOPQRSTUVWXYZ

SCALE 1:60
UNIT MM

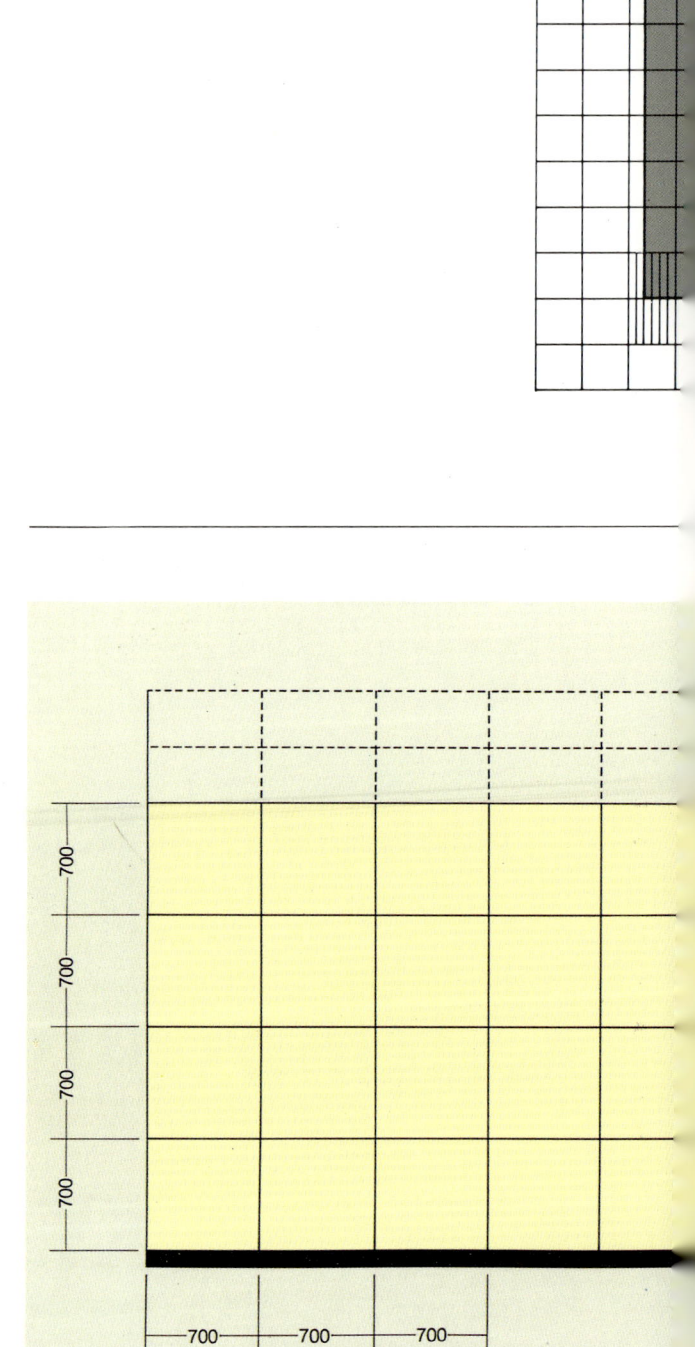

50°

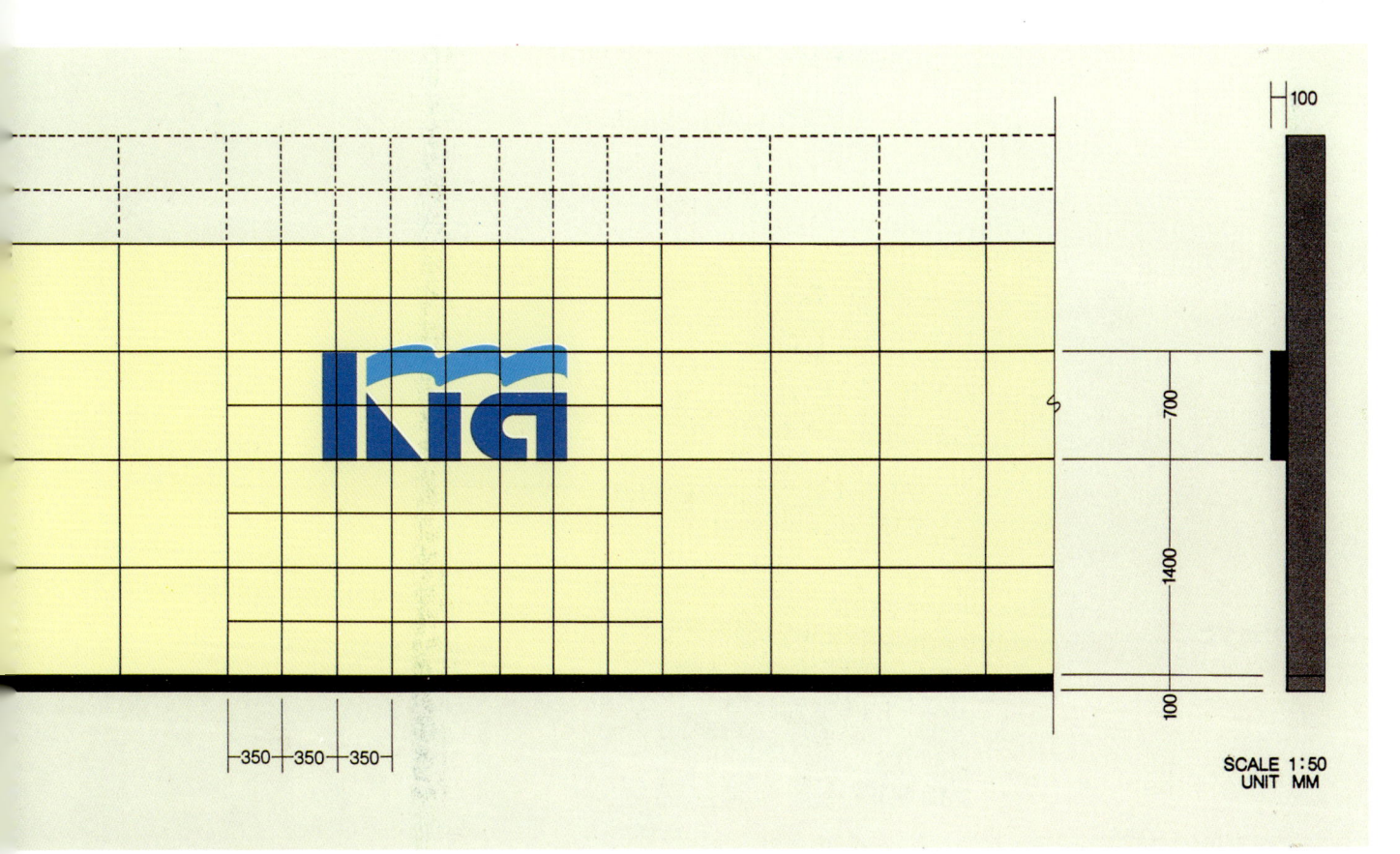

350 350 350

100
700
1400
100

SCALE 1:50
UNIT MM

65

CORPORATE IDENTIFICATION STANDARDS

일반봉투(소형, 중형)

일반봉투는 크기에 따라 대, 중, 소봉투를 구분하며 본항에 예시한 것은 소봉투와 중봉투의 경우이다.

원고제작은 좌측상단에 국문 코퍼리트 시그니춰를 배치하고 주소등의 문안은 중봉투의 경우 고딕체(Gothic) 10급으로, 소봉투는 고딕체(Gothic) 9급으로 사진식자한다.

색상은 기아블루(Kia Blue) 단색이며, 지질은 모조지, 하드롱지, 크라프트지, 레자크지등에서 임의로 선택하며 옵셋(Off Set) 인쇄한다.

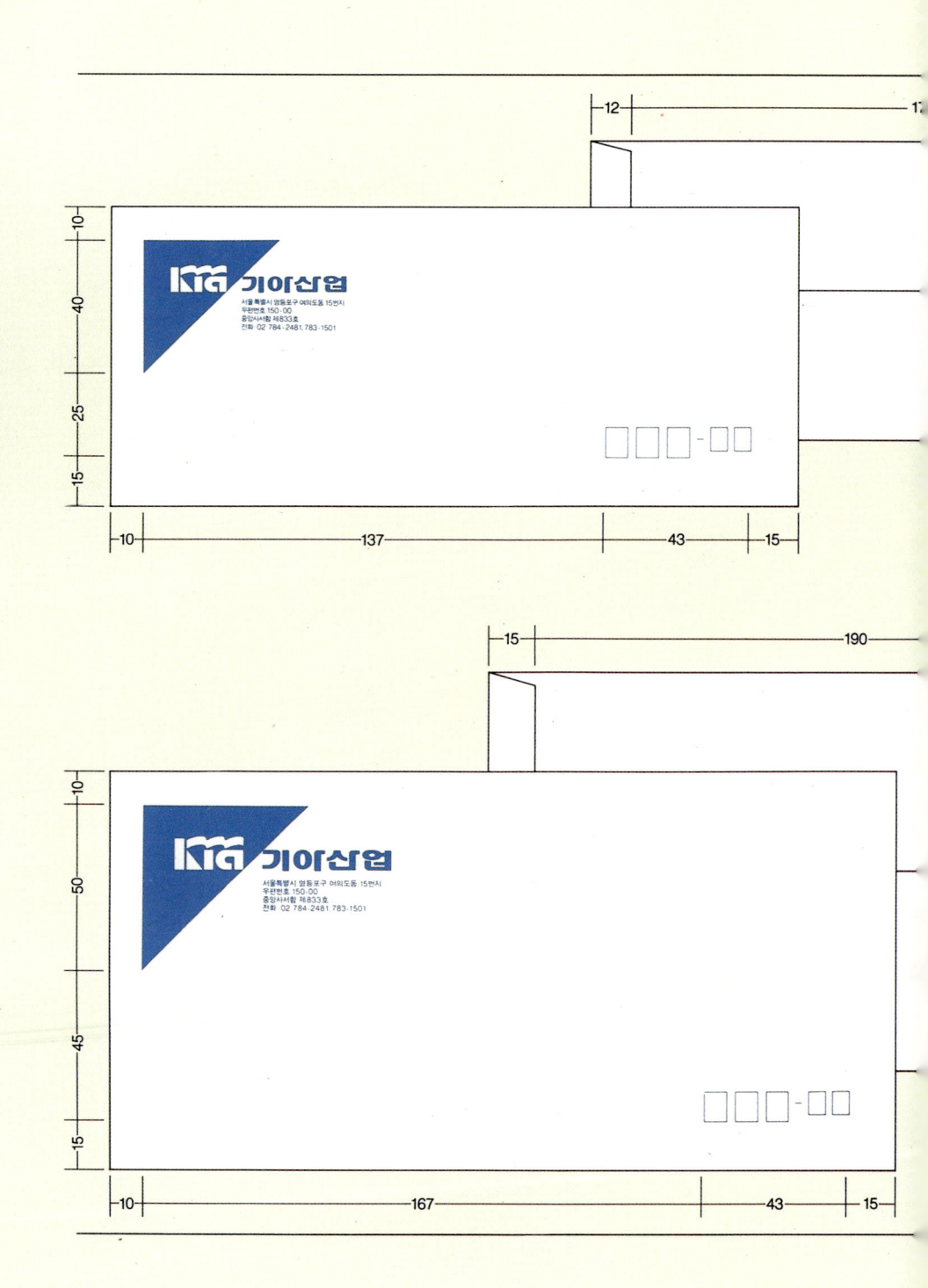

※ 치수의 단위는 ㎜이다.

APPLICATION SYSTEM 5

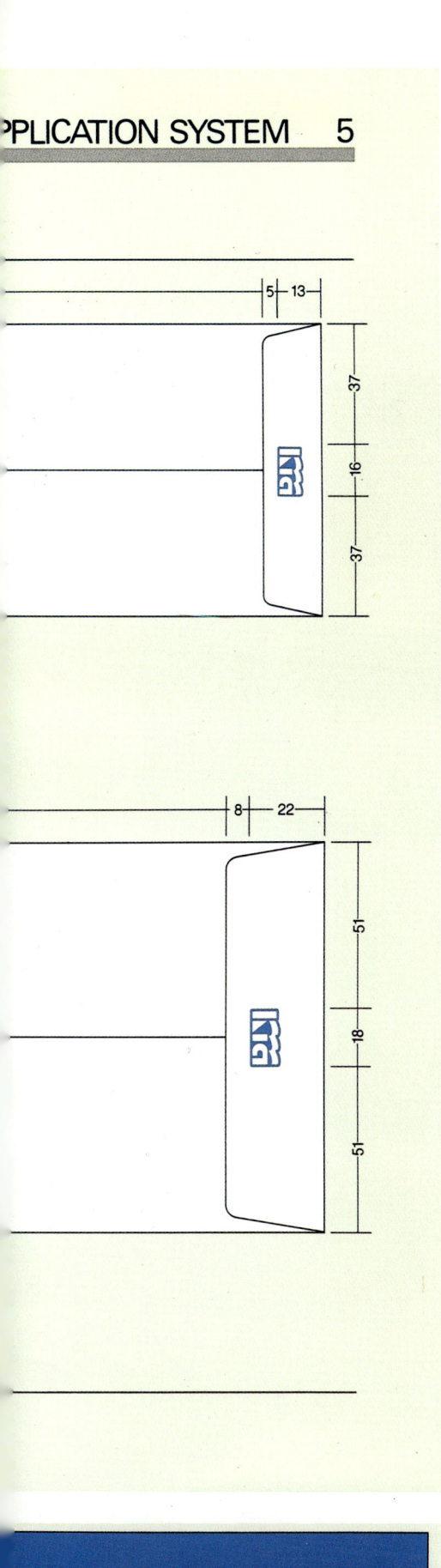

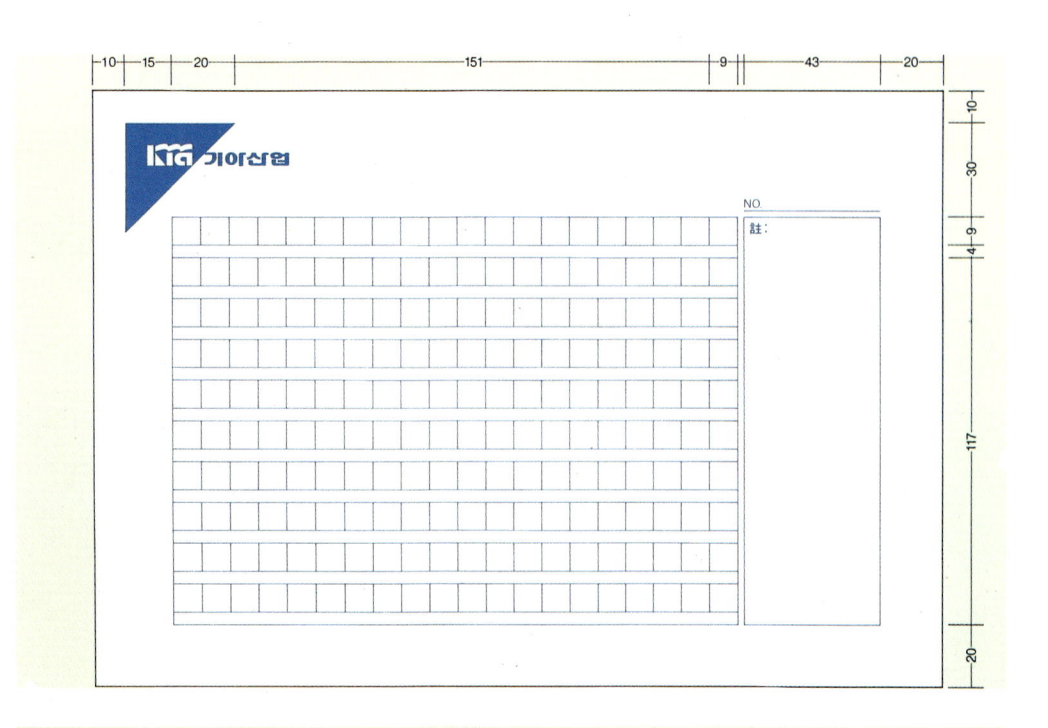

박 문 수
기획조사부/부장

기아산업주식회사
서울특별시 영등포구 여의도동 15번지 우편번호 150-00
중앙사서함 제833호 전화 (02)784-2481, 783-1501

PARK, MOON SOO
MANAGER/
PLANNING & RESEARCH DIVISION

Kia Motors Corporation.
15 YOIDO-DONG, YOUNGDEUNGPO-GU, SEOUL, 150 KOREA
C.P.O. BOX: 833 SEOUL, KOREA/TELEX: KIACO K27327
CABLE ADDRESS: "KIASANUP" SEOUL, KOREA
TEL: (02) 784-2481, 783-1501

67

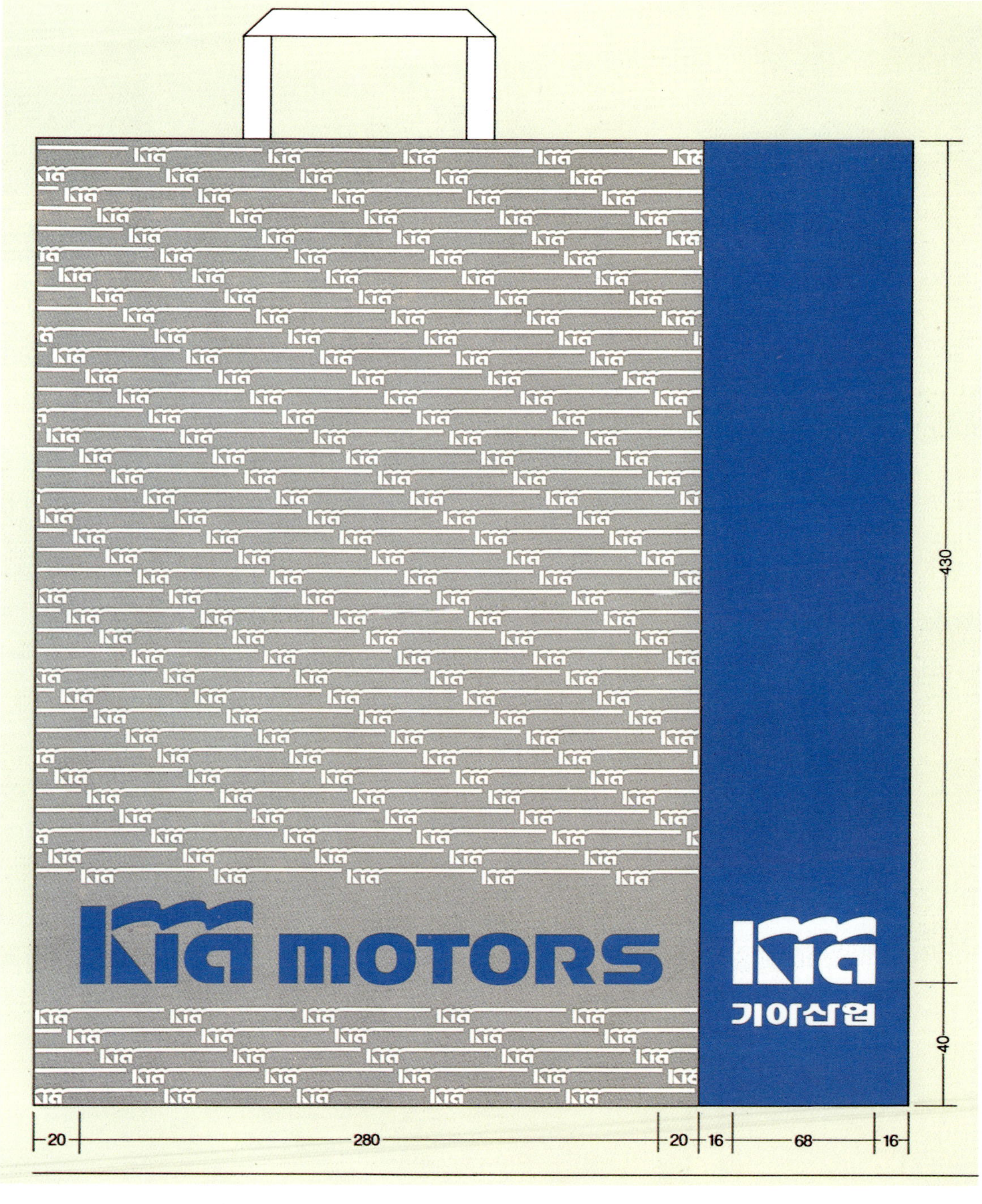
KIA MOTORS
KIA
기아산업
430
40
20
280
20
16
68
16

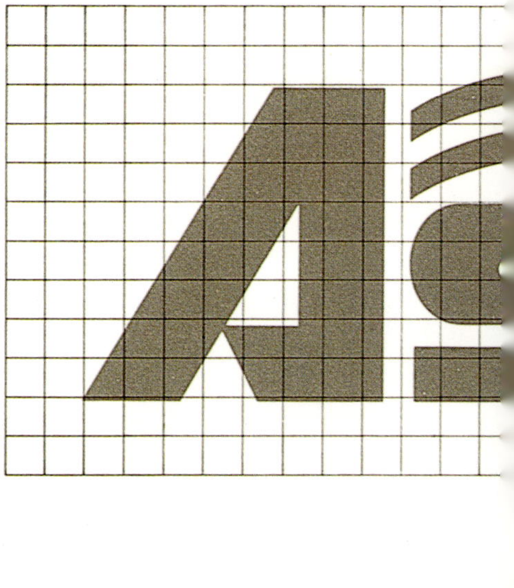

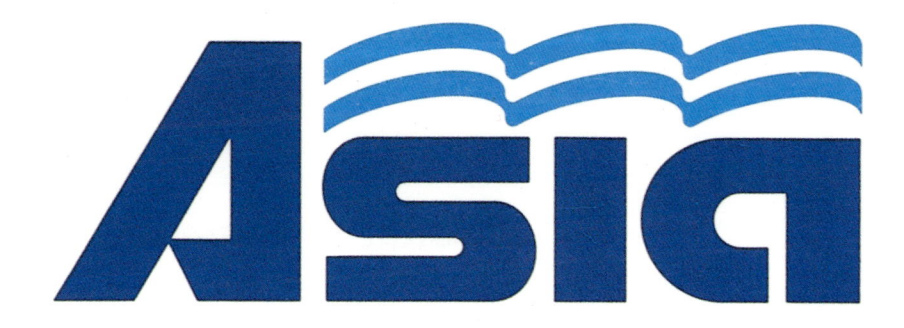

69

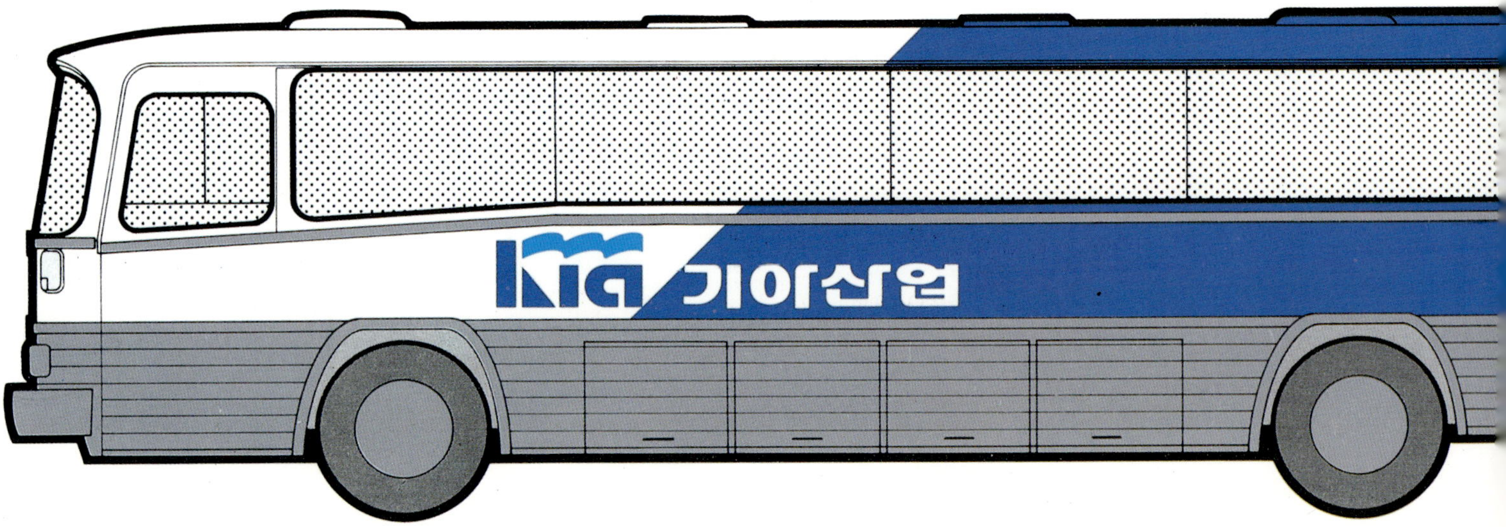
기아산업

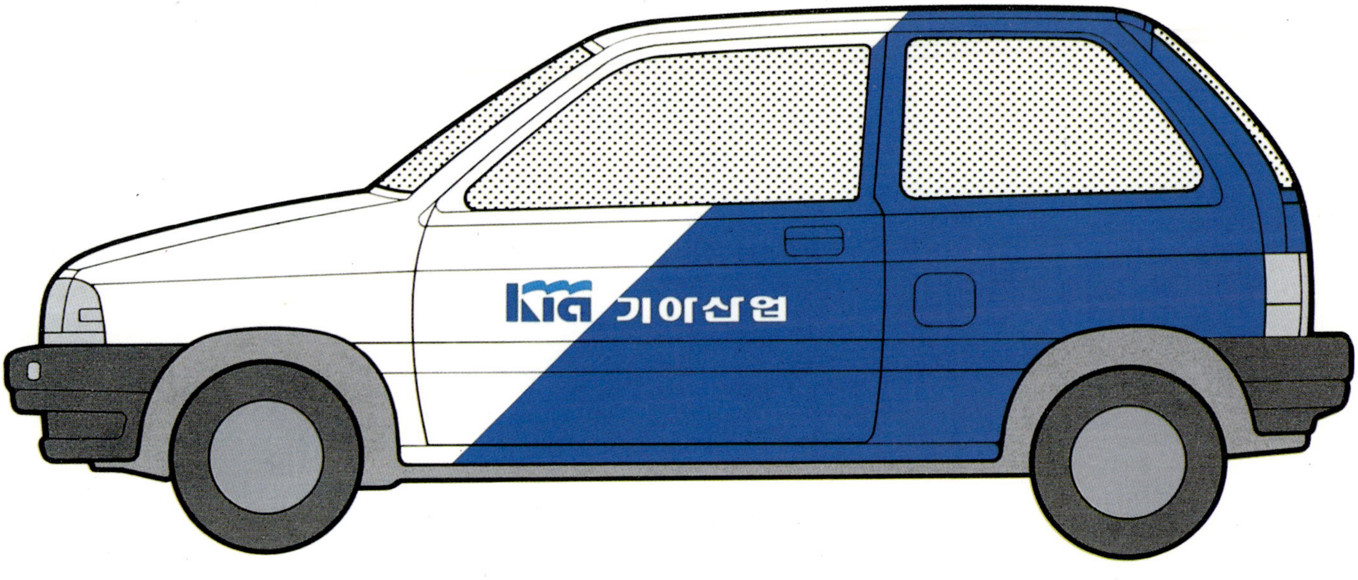
기아산업

71

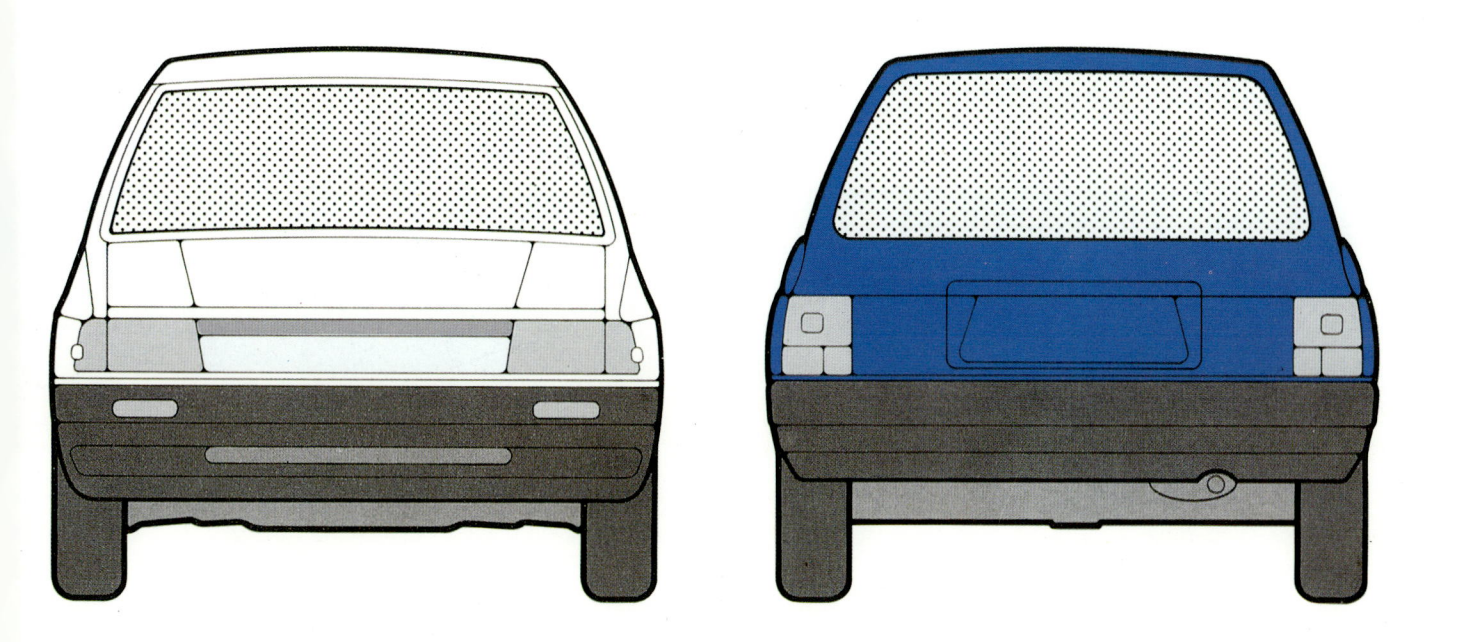

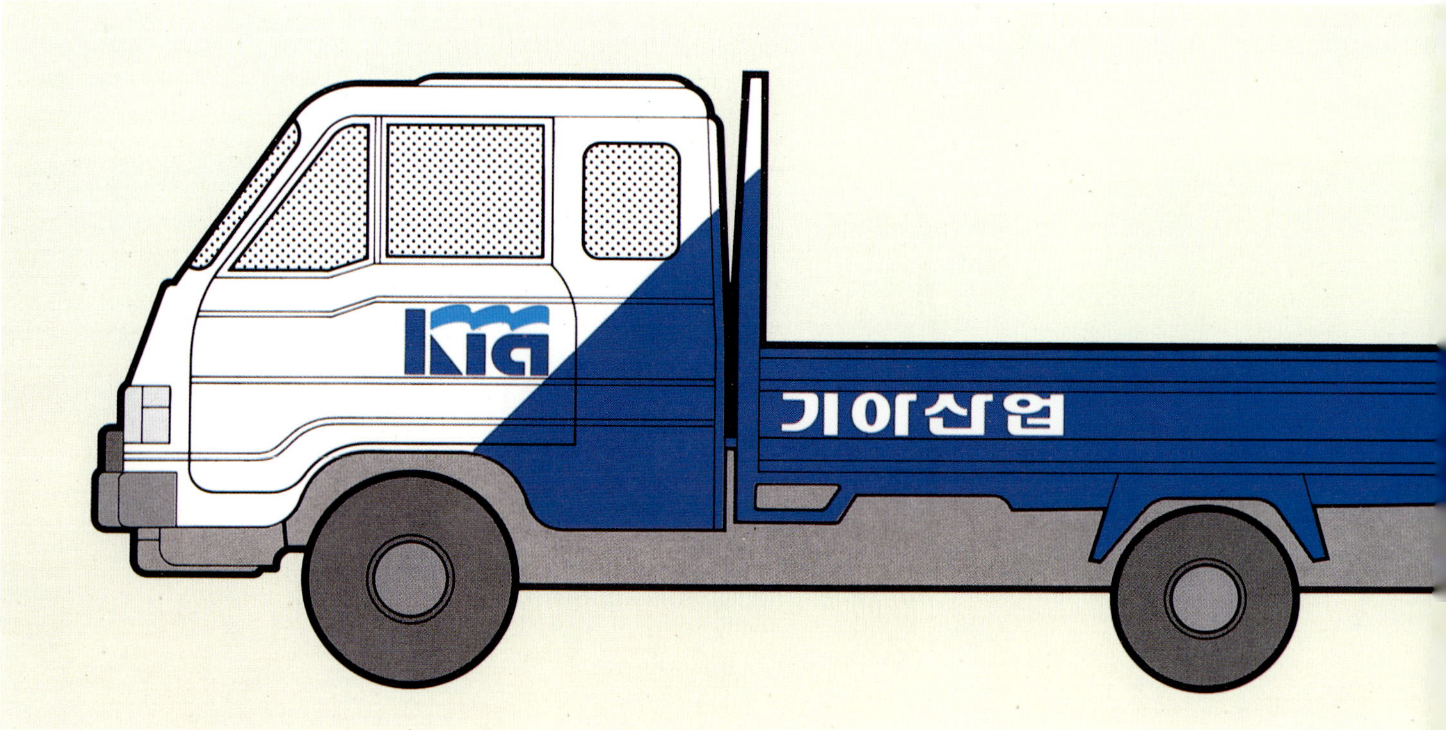
Kia
기아산업

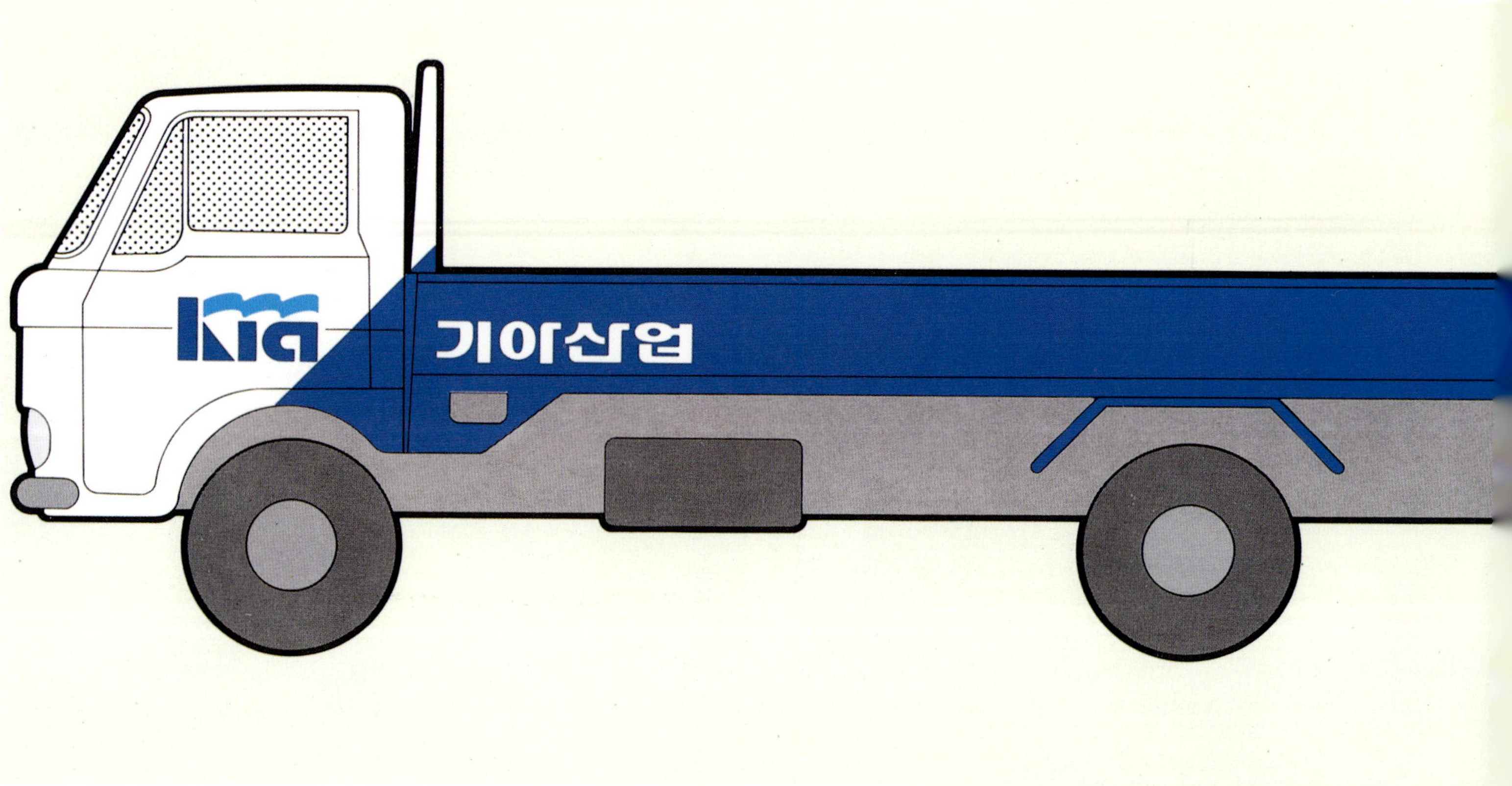
Kia
기아산업

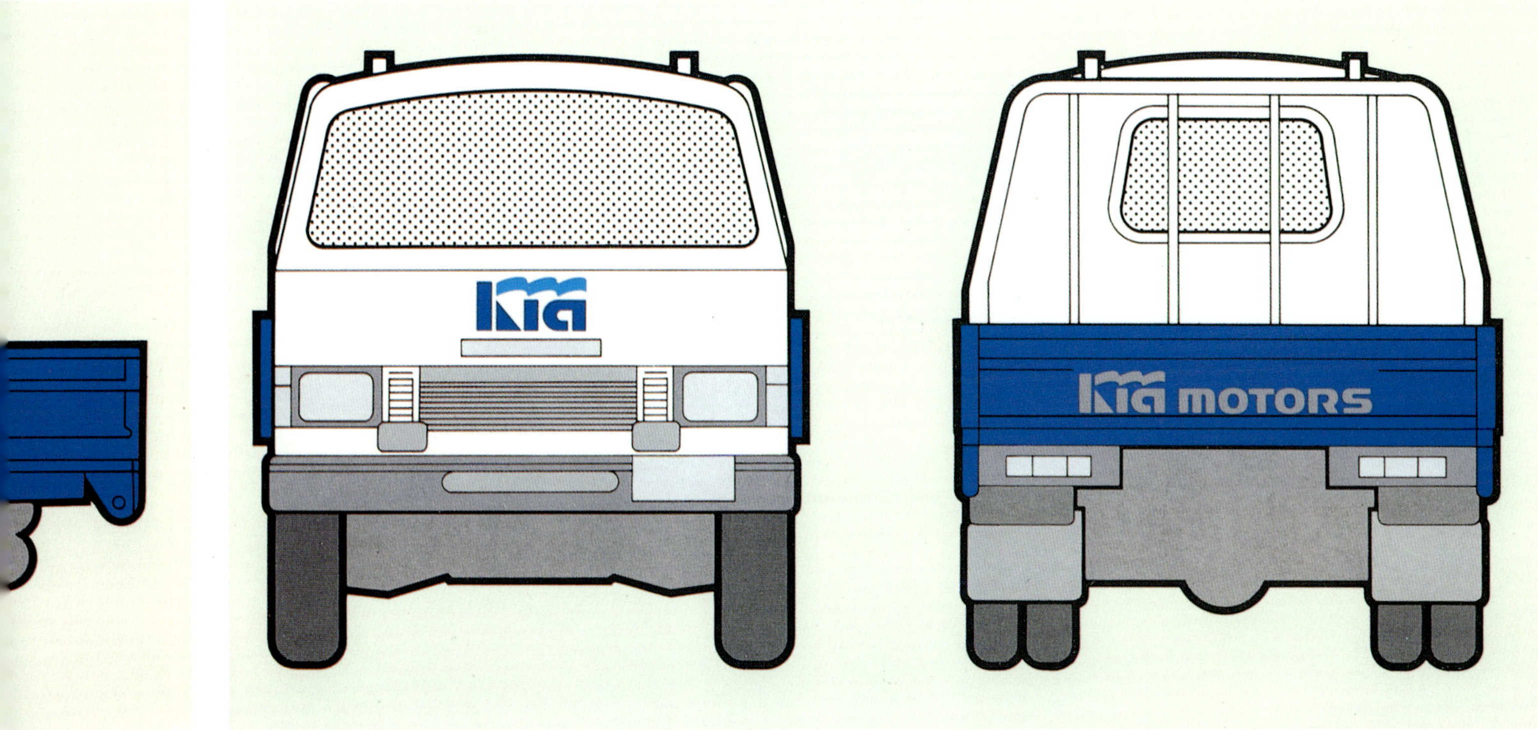
KIA
KIA MOTORS

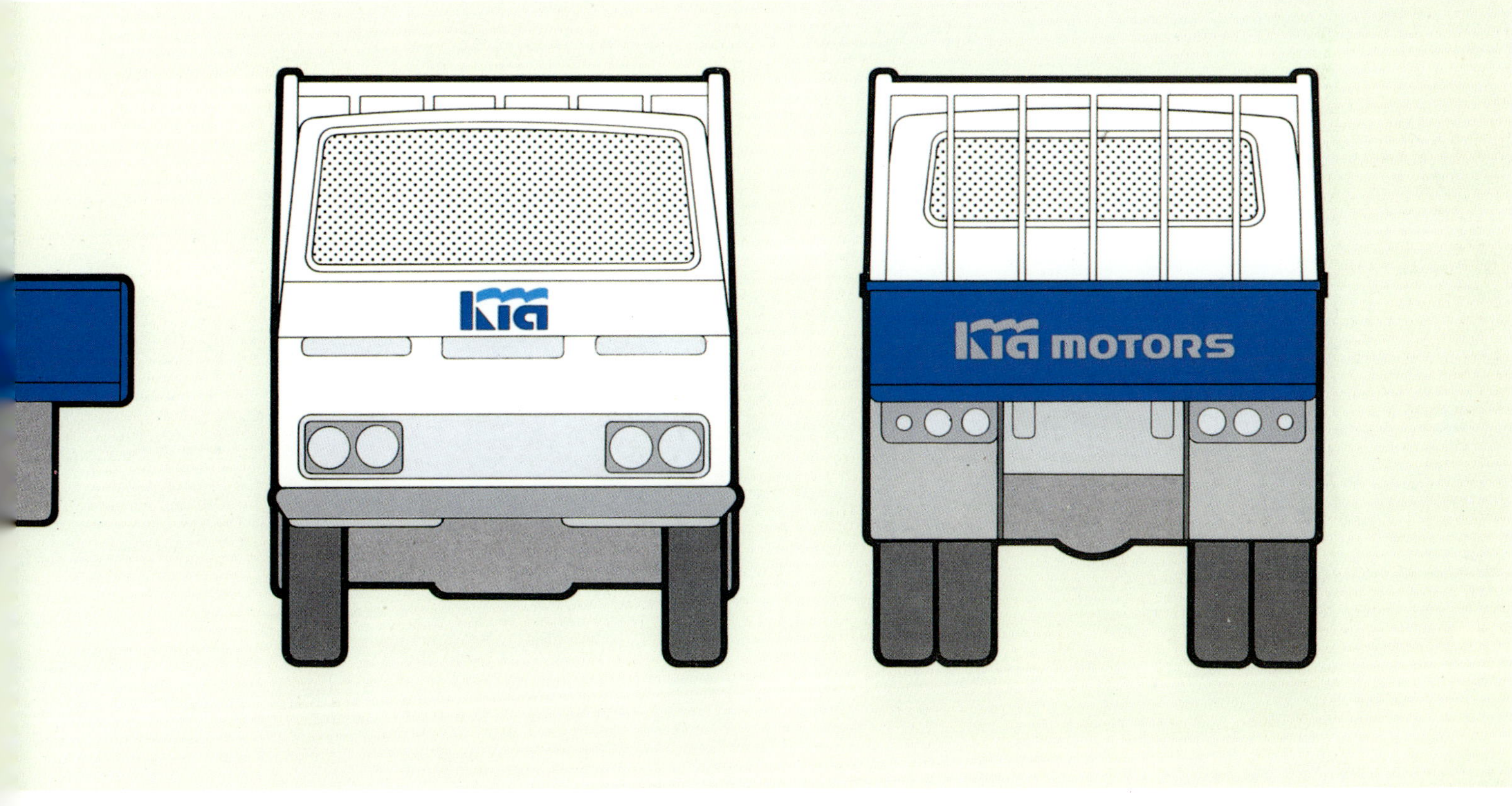
KIA
KIA MOTORS

CORPORATE IDENTITY STANDARDS

옥내용 사기

APPLICATION SYSTEM 43

사기(Flag)는 기아산업을 표현하는 대외적인 이미지의 표상으로 여러 시각물의 중심적 역할을 하며 용도와 기능에 따라 옥내용과 옥외용의 2가지로 구분한다. 본 항은 옥내용 사기로 회의실이나 임원실등 기아산업을 대표하는 자리에 배치하여 기아산업을 표현하는 최고 이미지의 상징으로 사용한다.

제작은 지정색 바탕의 벨벳 또는 우단바탕에 코퍼리트 심볼은 금색(Gold)으로 하고 창립연도 및 코퍼리트 로고타이프는 은색(Silver)으로 한다. 옥내용 사기(Flag)의 제작은 첨부된 재생자료를 사진제판에 의한 확대나 확대복사의 방법으로 한다.

APPLICATION SYSTEM 1

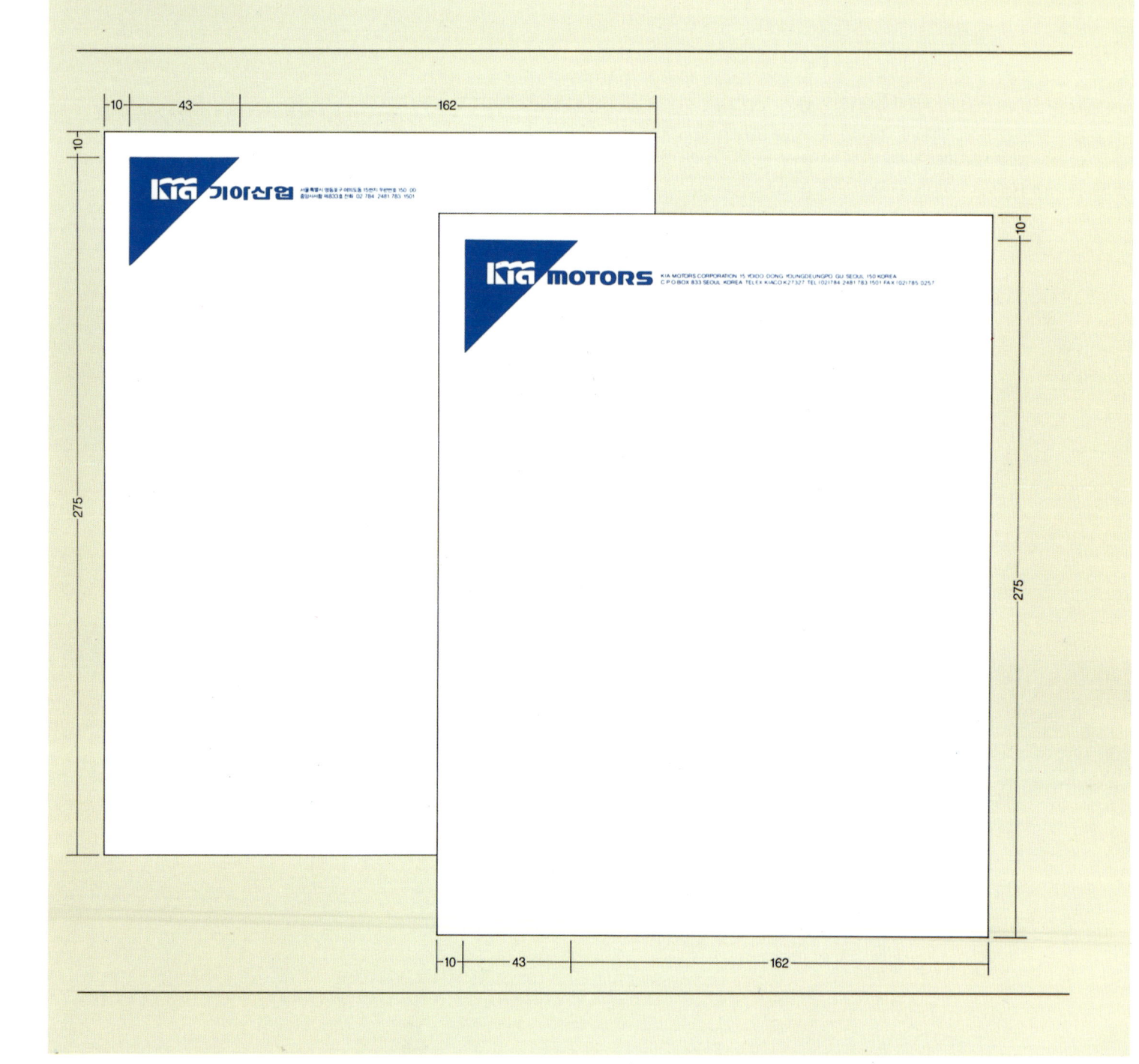

APPLICATION SYSTEM 14

Kuva-Sampo Oy
Photo Laboratory

Design Firm: Studio G4
Finland

Kuva-Sampo

Kuva-Sampo Oy Kuva-Sampo

Pirkko Silvennoinen
Toimitusjohtaja

Kuva-Sampo Oy
Vattuniemenkatu 23
00210 Helsinki 21
Puh. 90-6924121
Telex 122764

ificolor
HR 100
135/36
8 2 1
Process C-41A
ificolor
disc
2
ificolor
disc
HR 200
For color prints
15 exposures
ificolor
HR 100 135/36
Film for
36 color prints
DX
Super high resolution
ificolor
ificolor
HR 100 110/24
Film for 24 color prints
Super high resolution
ificolor
disc
Daylight/flash
ISO 100/21°
ASA 100 21 DIN
24 exposures
18×28 mm
Process C-41
ificolor
HR 100
126/24
Film for 24 color prints
Super high resolution
ificolor
HR 100
126/24
Film for 24 color prints
Super high resolution

Samposet

4-5 | 1987

Kuva-Sampo

Hyvien kuvien takana Kuva-Sampo

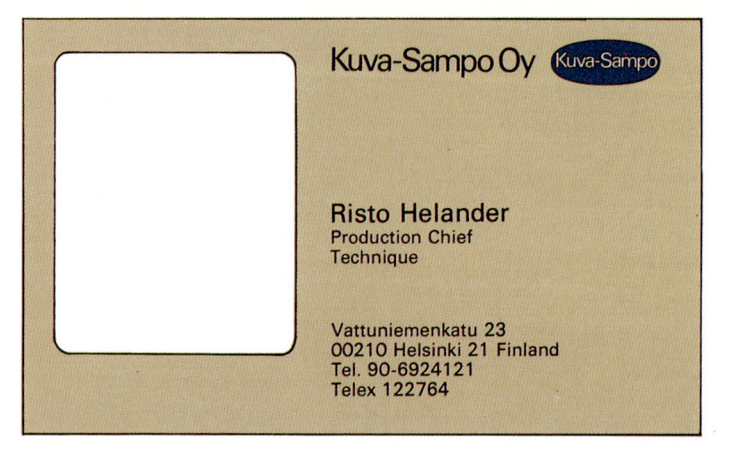

Kuva-Sampo Oy   Kuva-Sampo

Risto Helander
Production Chief
Technique

Vattuniemenkatu 23
00210 Helsinki 21 Finland
Tel. 90-6924121
Telex 122764

Kymppikuvat®

Kuvausaiheet / Bildmotiv
Päiväys / Datum

Kymppikuvien takana Kuva-Sampo står för bra Kymppifoton

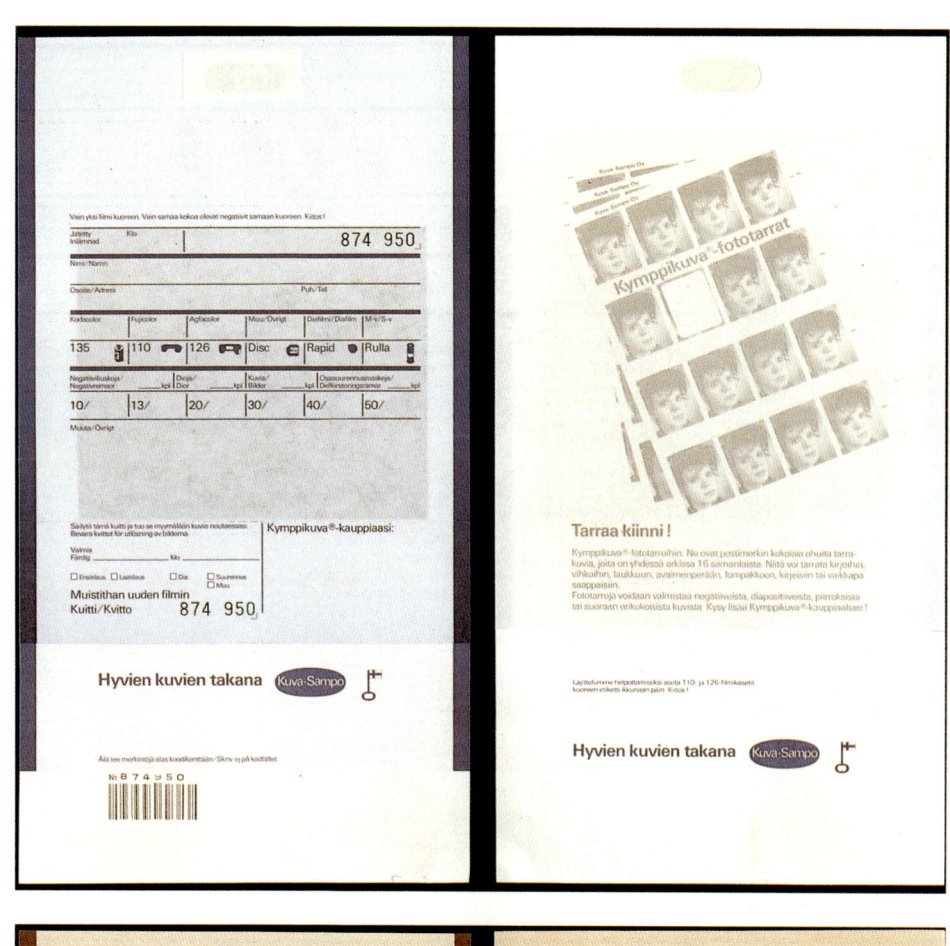

Kuva-Sampo Oy

Kuva-Sampo Oy Kuva-Sampo   Ifi
                                 Kamerat

1.11. 83   1(1)

Ifi-tunnus sijoitetaan kameran etupuolen tekstikenttään suhteessa kentän kokoon ja kameran laukaisijaan. Lisäteksti toteutetaan Univers 55 aakkosin. Mustassa kamerassa toteutetaan Ifi-tunnus ja lisäteksti valkoisella.

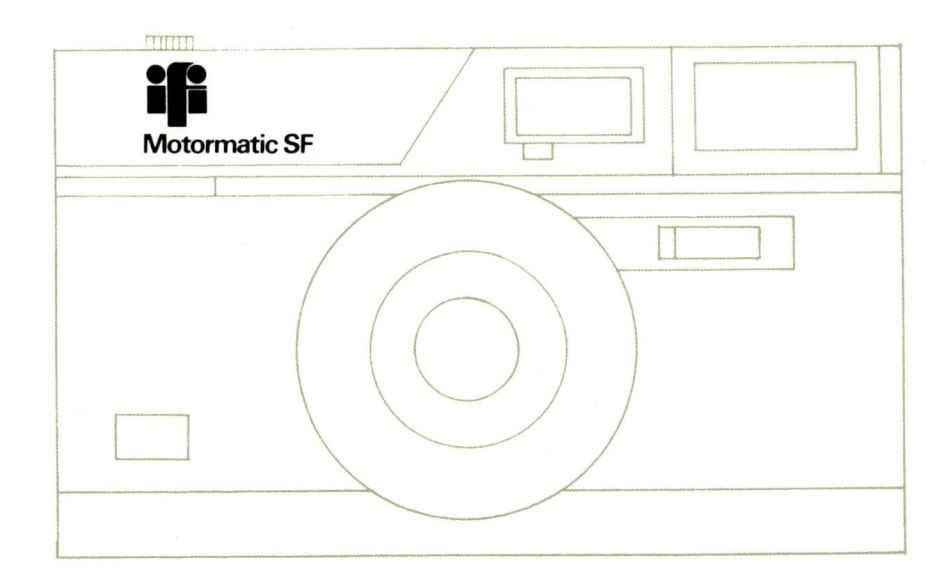

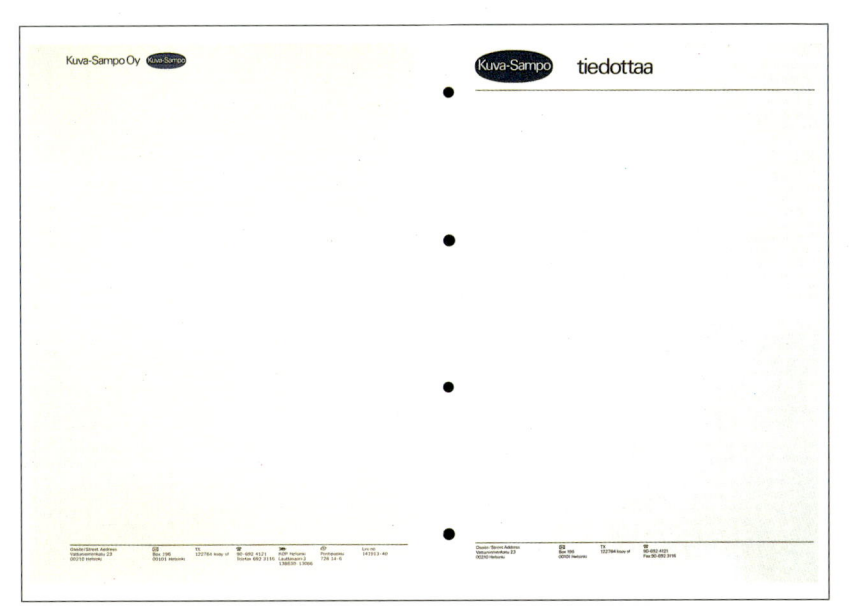

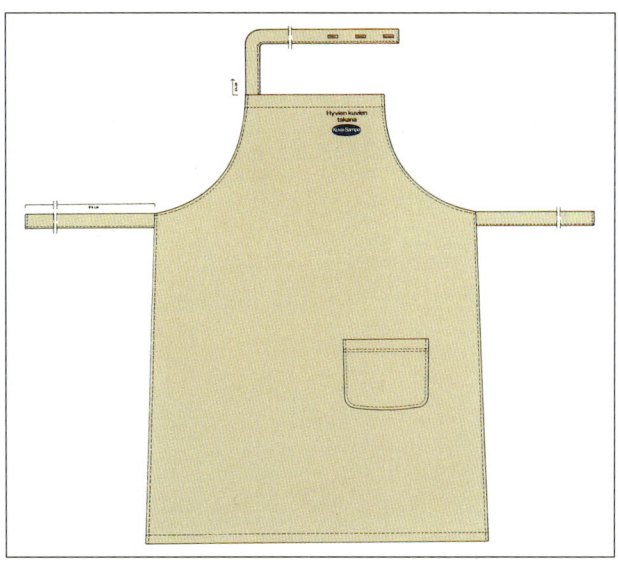

Kymppikuvat® huomenna
– tai et maksa mitään!
Kun tuot filmisi meille ma-to.

Tämä äitienpäivä ei unohdu. Käytä sinäkin kameraasi ja teetä muistosi Kymppikuviksi®!

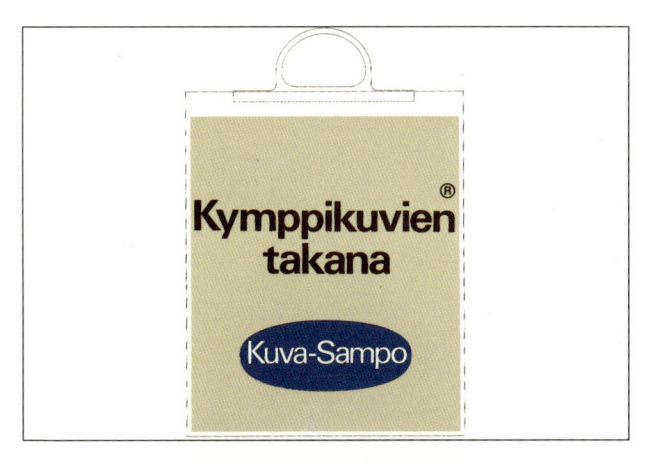

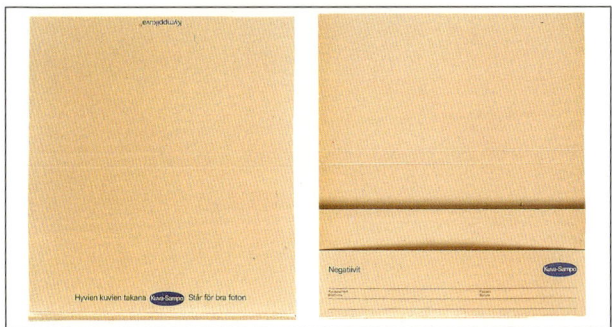

Kymppikuvien® takana Kuva-Sampo

ifi kuvapalvelu

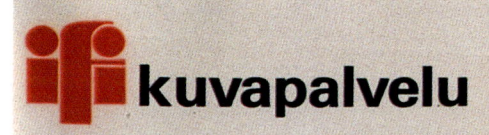

PL 463
00101 HELSINKI

Palautetaan
lähettäjälle
ellei
vastaanottajaa
tavoiteta

Tämä on kiireellistä 1. luokan postia

HELSINKI 100
Postimaksu
maksettu
Lupa 9/80

Tämän kirjeen paksuus on vain 28 mm, siksi se kannetaan kotiin asti.

Hyvien kuvien takana — Kuva-Sampo

Älä heitä pakkausta luontoon. Tämä pakkaus voidaan turvallisesti hävittää polttamalla.

Ifi-kuvapalvelu perustettiin vuonna 1971 tavoitteena tuoda kuvat kätevästi lähelle Sinua, hyvä valokuvauksen harrastaja.

Tämä kansainväliset mitat täyttävä palvelu on kehitetty yhteistyössä valokuvauksen harrastajien ja postilaitoksen kanssa.

Myös Sinä voit olla mukana kehittämässä **Ifi-kuvapalvelua.** Kertomalla meille mielipiteesi ja toivomuksesi voit saada valokuvauksesta itsellesi entistä enemmän iloa.

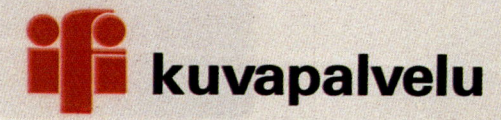

ifi kuvapalvelu

Kymppikuva®-laatu

Asiakaspalvelu maanantaista perjantaihin klo 8.30—16.30
☎ (90) 679 680 • (90) 692 4121

Hyvien kuvien takana — Kuva-Sampo

87

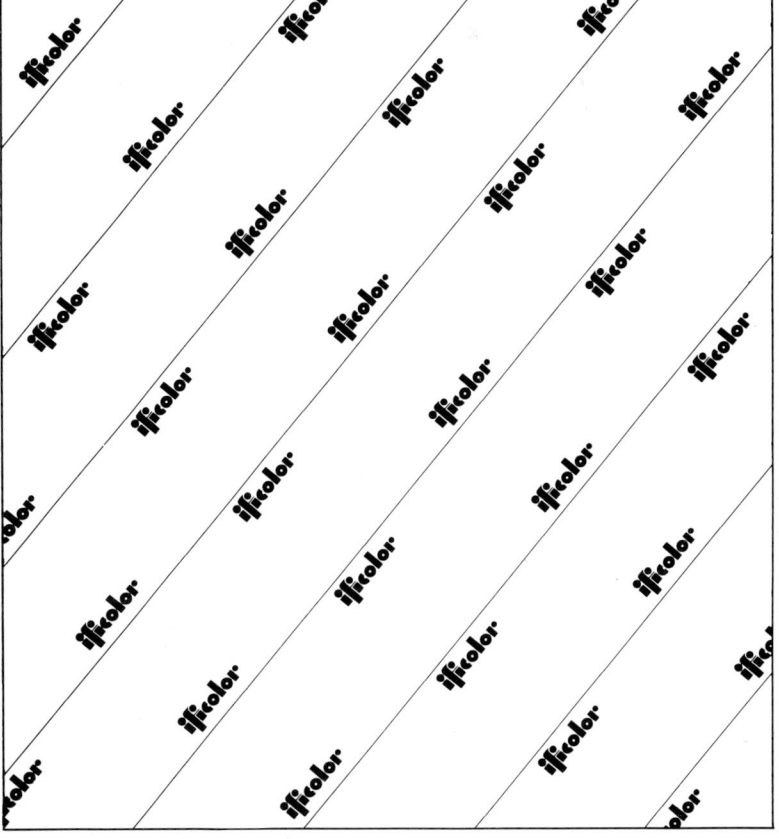

Lucky Stores
Grocery Stores

Design Firm: Addison Design Consultants
USA

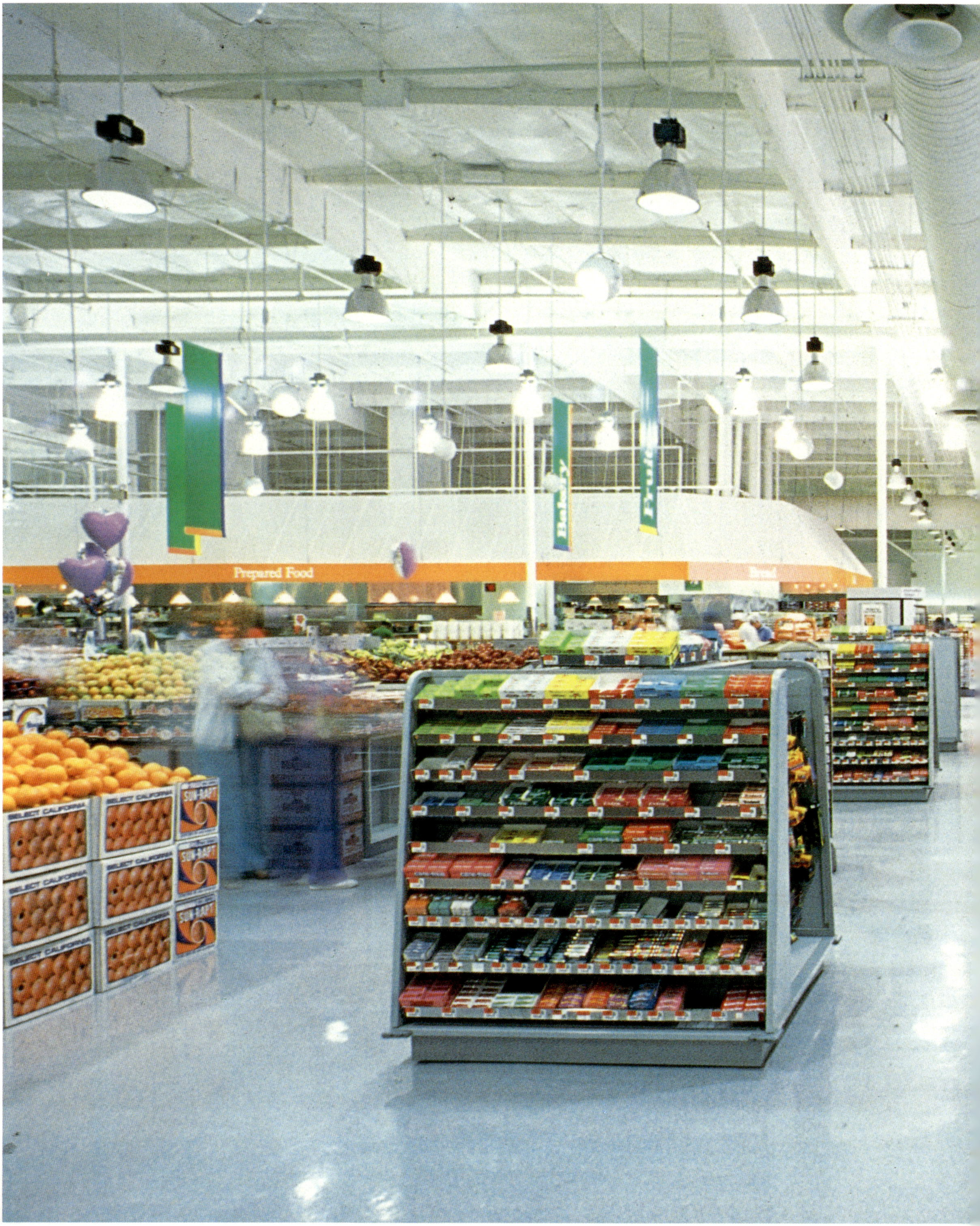
Prepared Food
Bread
SELECT CALIFORNIA
SUN-RAPT

6
7
8
9
10
11
Thank You for Shopping
14 Express Lane
15 Express Lane
CASH ONLY
People

15
Cookies
Crackers
Saltines
Oreos
Candy
Cookies
Gourmet Candy
Chocolate Bars
16
Diet Foods
Gelatin
Canned Fruit
Applesauce
17

14

Cold Cereal
Hot Cereal
Wheat Germ
Corn Flakes

93

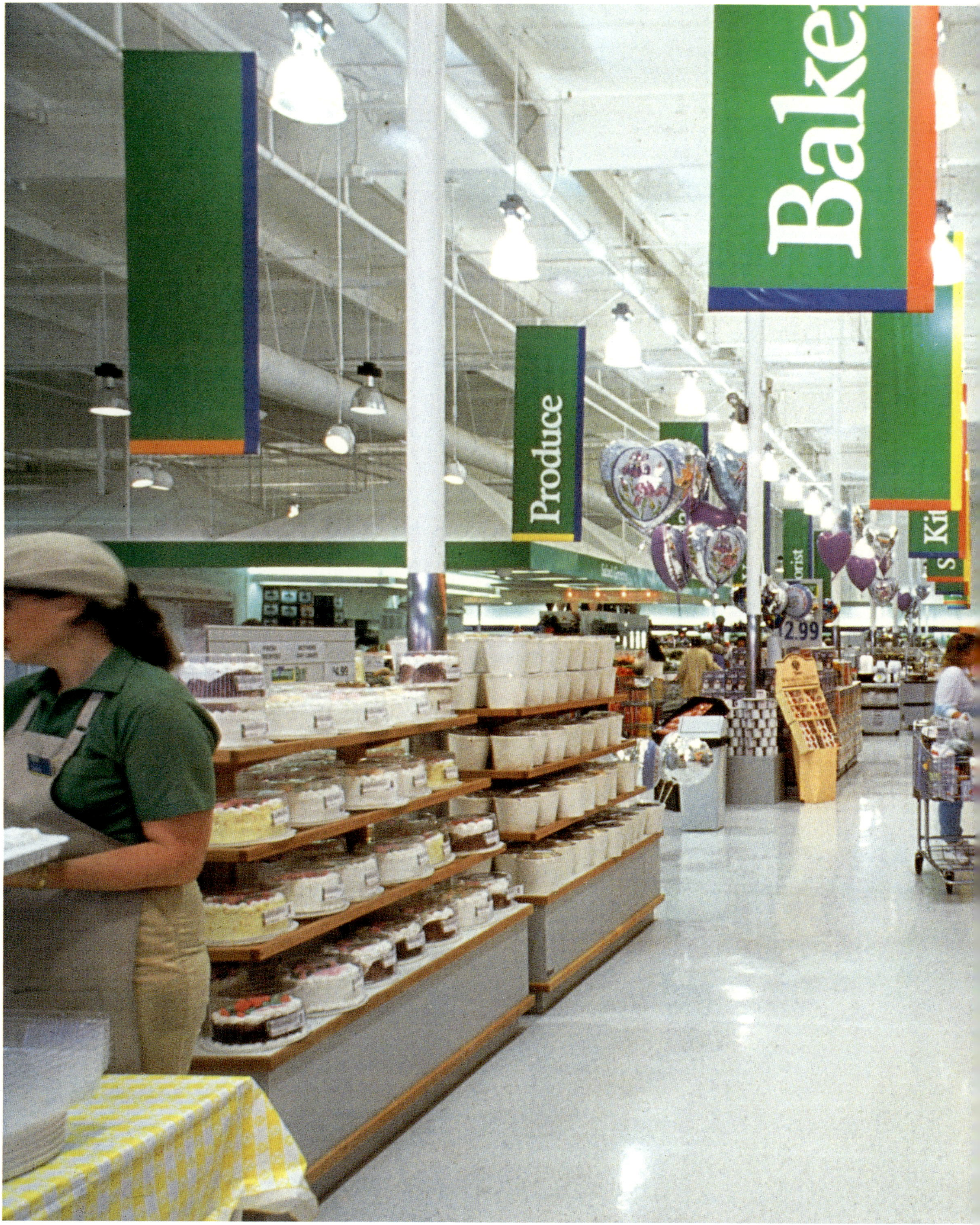
Bake
Produce
12.99

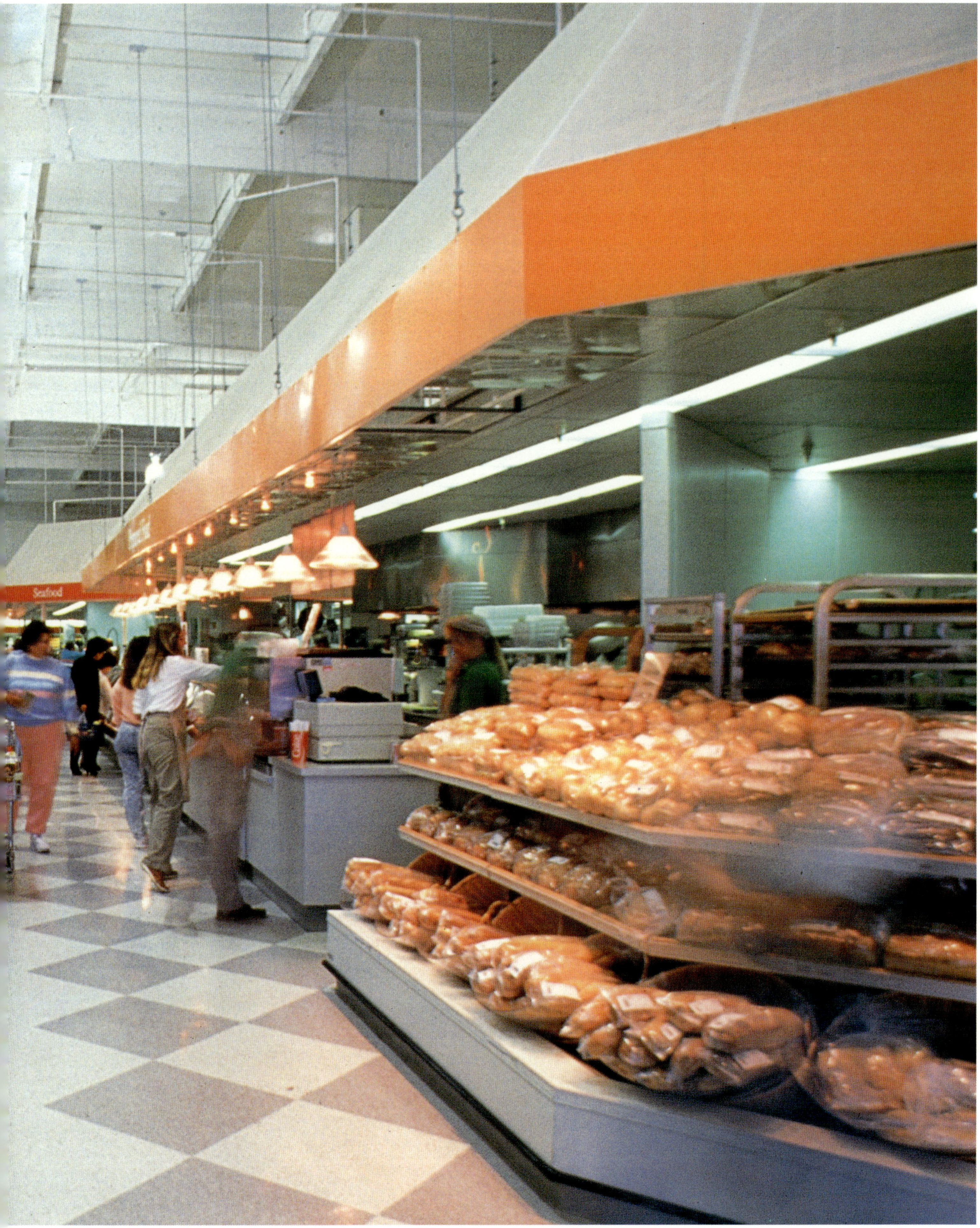
Seafood

Thank You for Shopping at Advantage

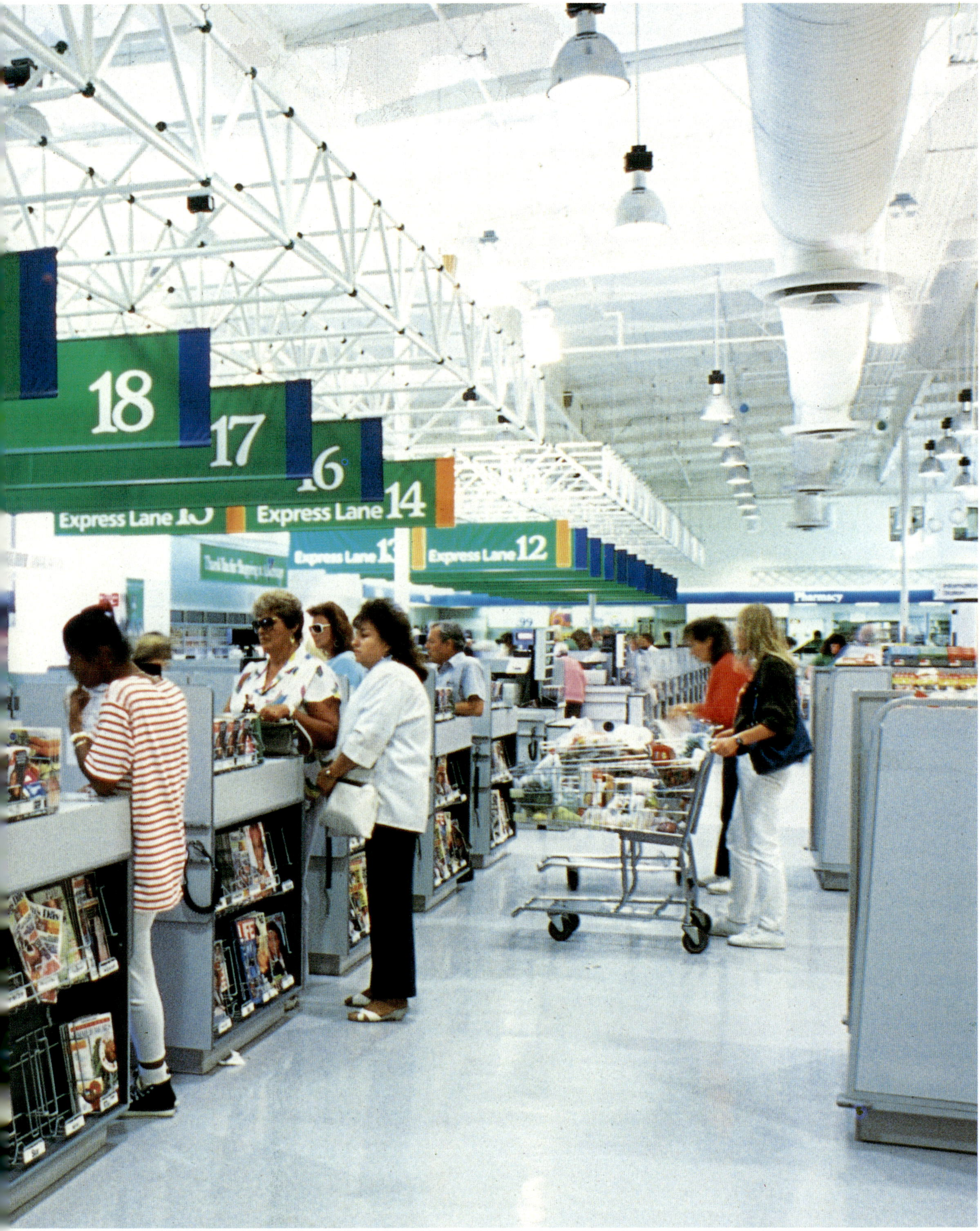
18
17
16
Express Lane 14
Express Lane 13
Express Lane 12

98

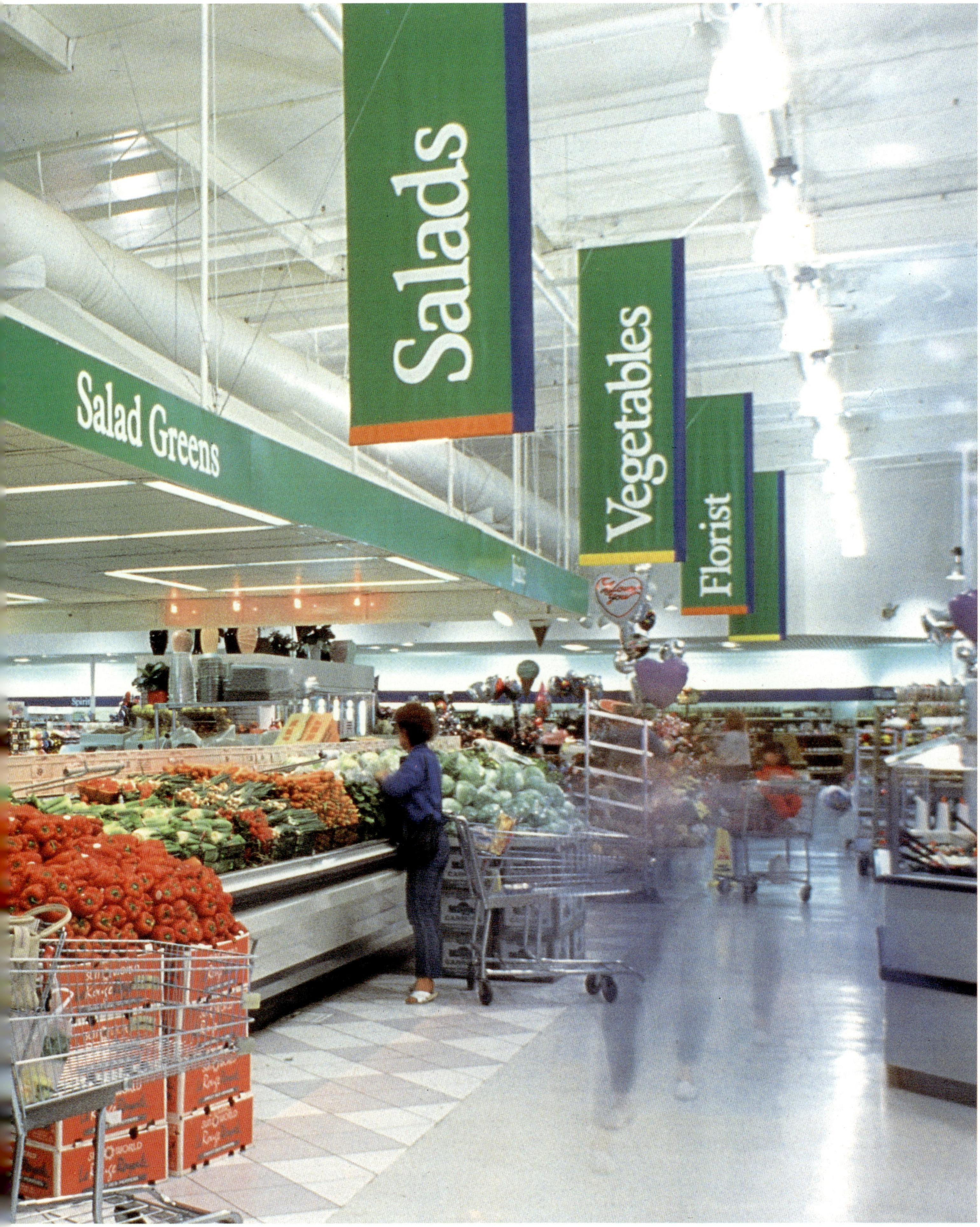
Salads
Vegetables
Florist
Salad Greens

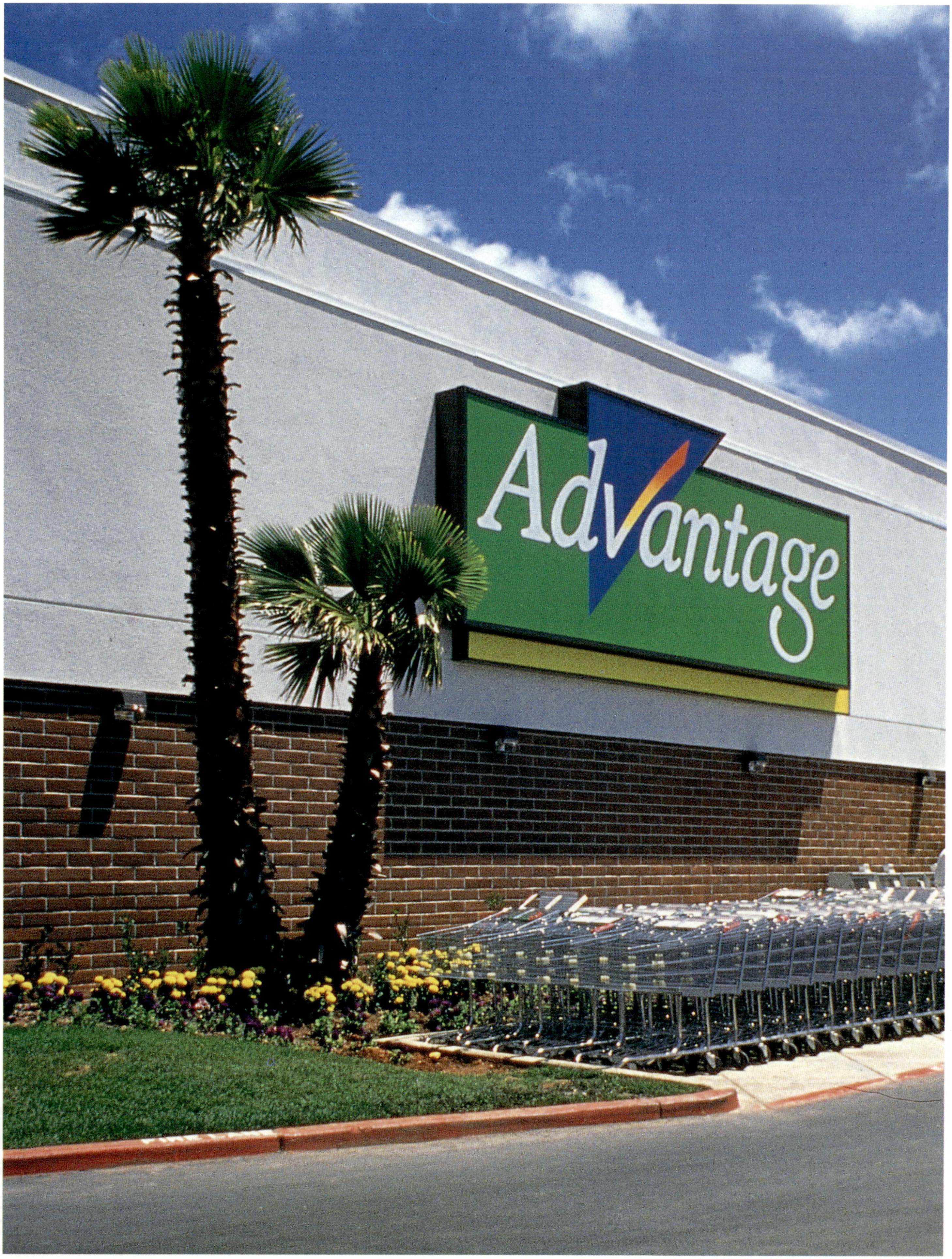
Advantage

Holiday
School Time
(4 Seasons)

9

Holiday
Vacation
(4 Seasons)

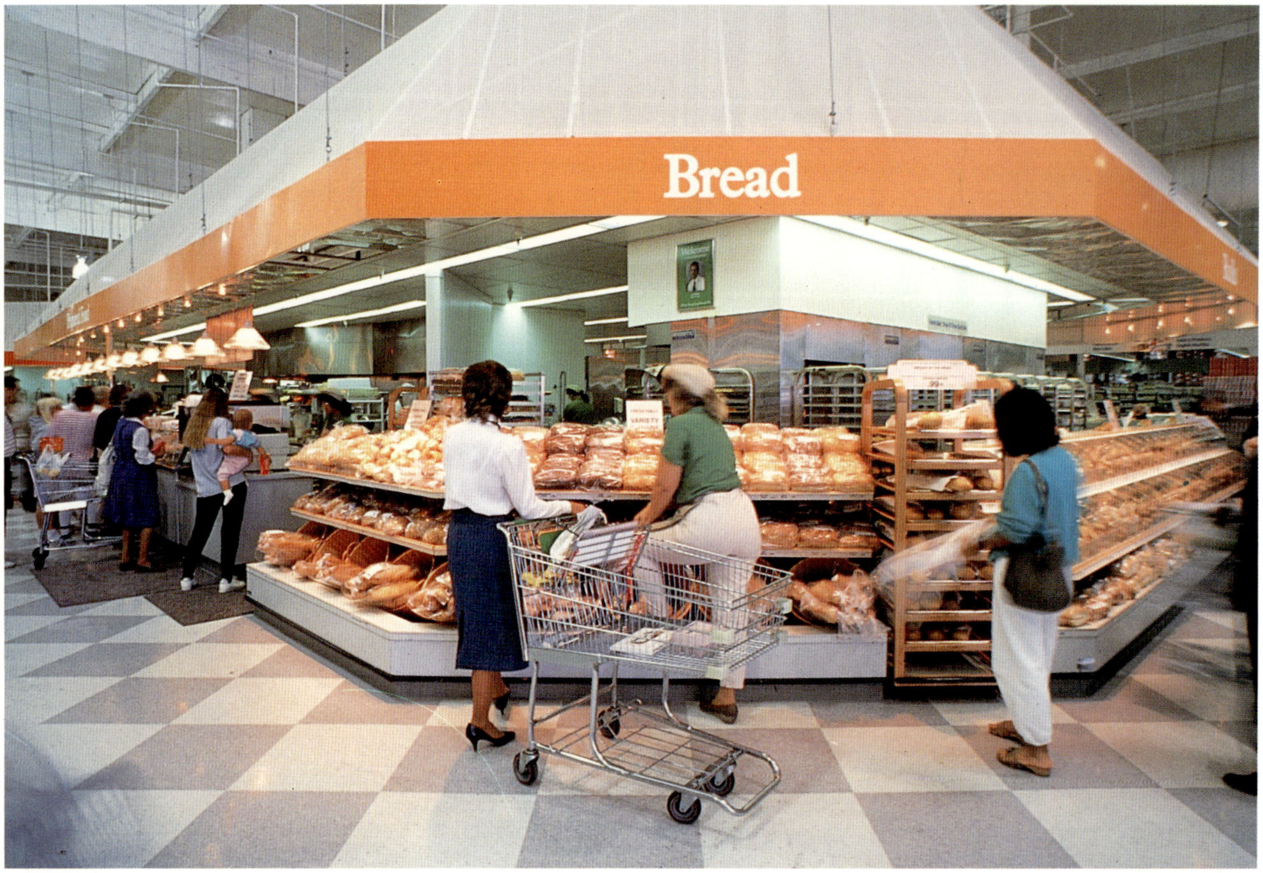
Bread

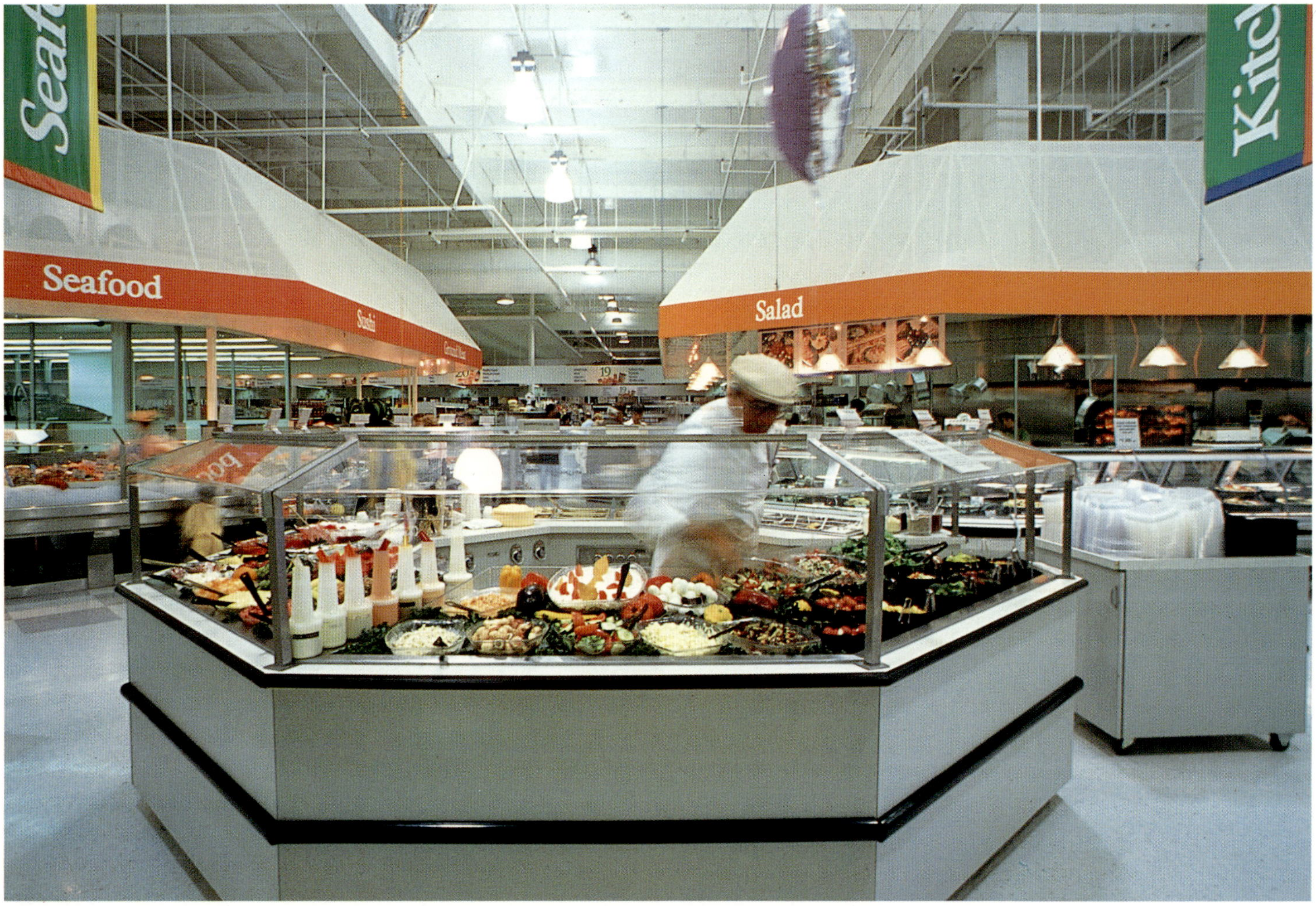
Seafood
Sushi
Salad
Kitch

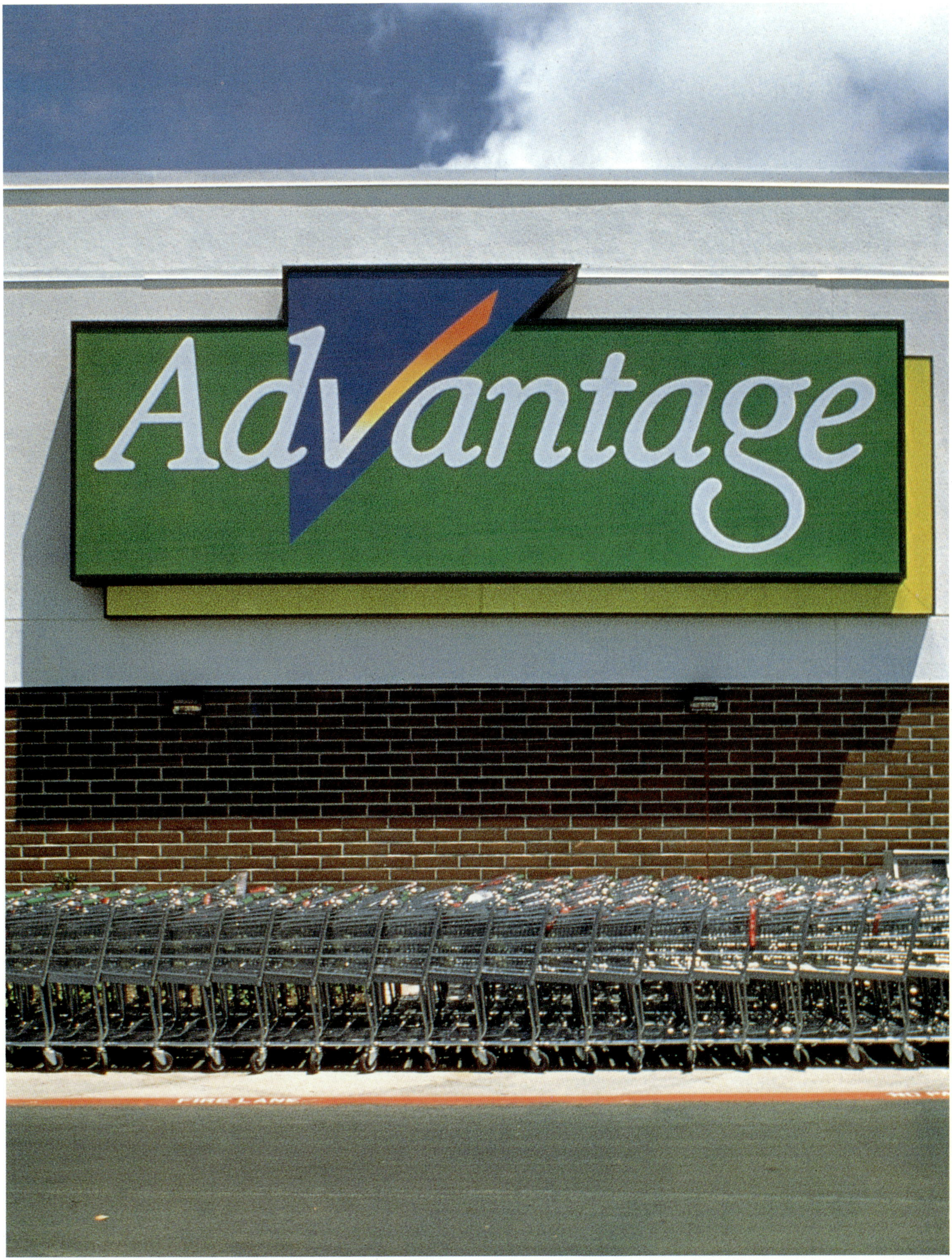
Advantage
FIRE LANE

**Aeroporto Valerio Catullo
di Verona Villafranca**
Airport

Designer: Michele M. Spera
Italy

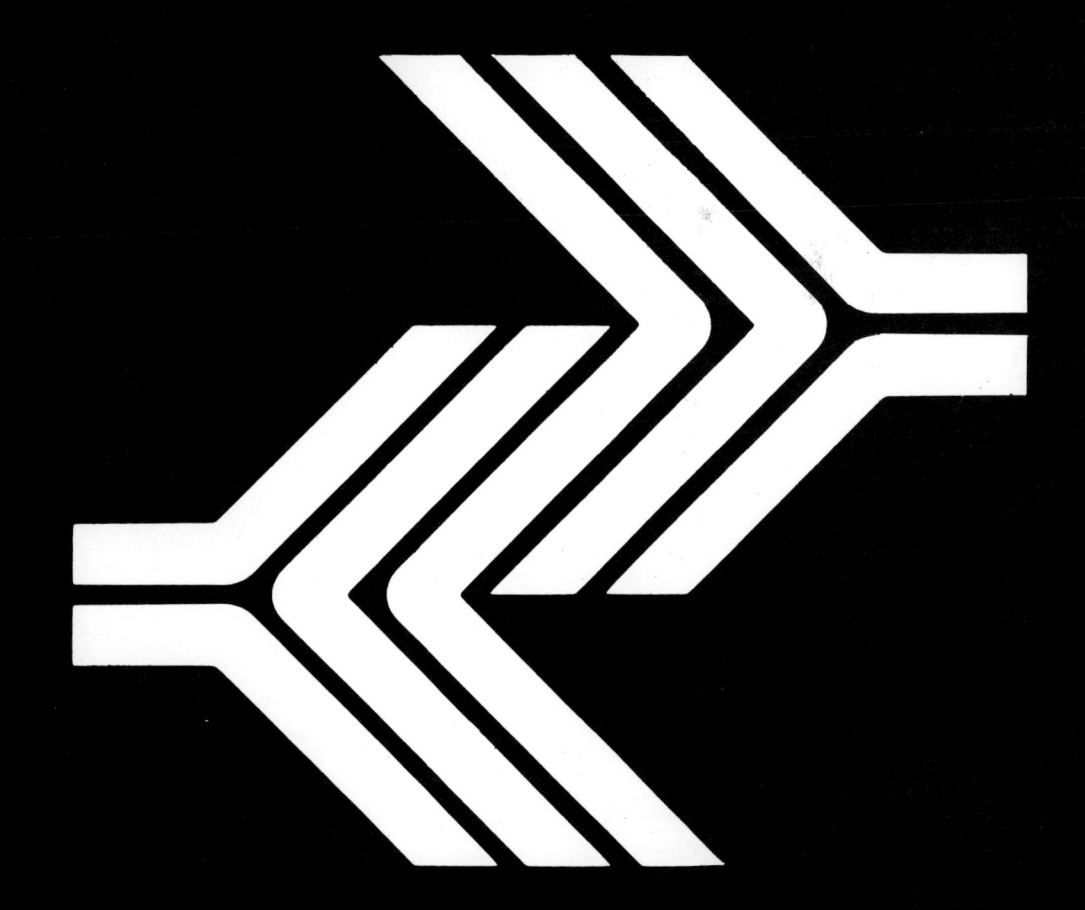

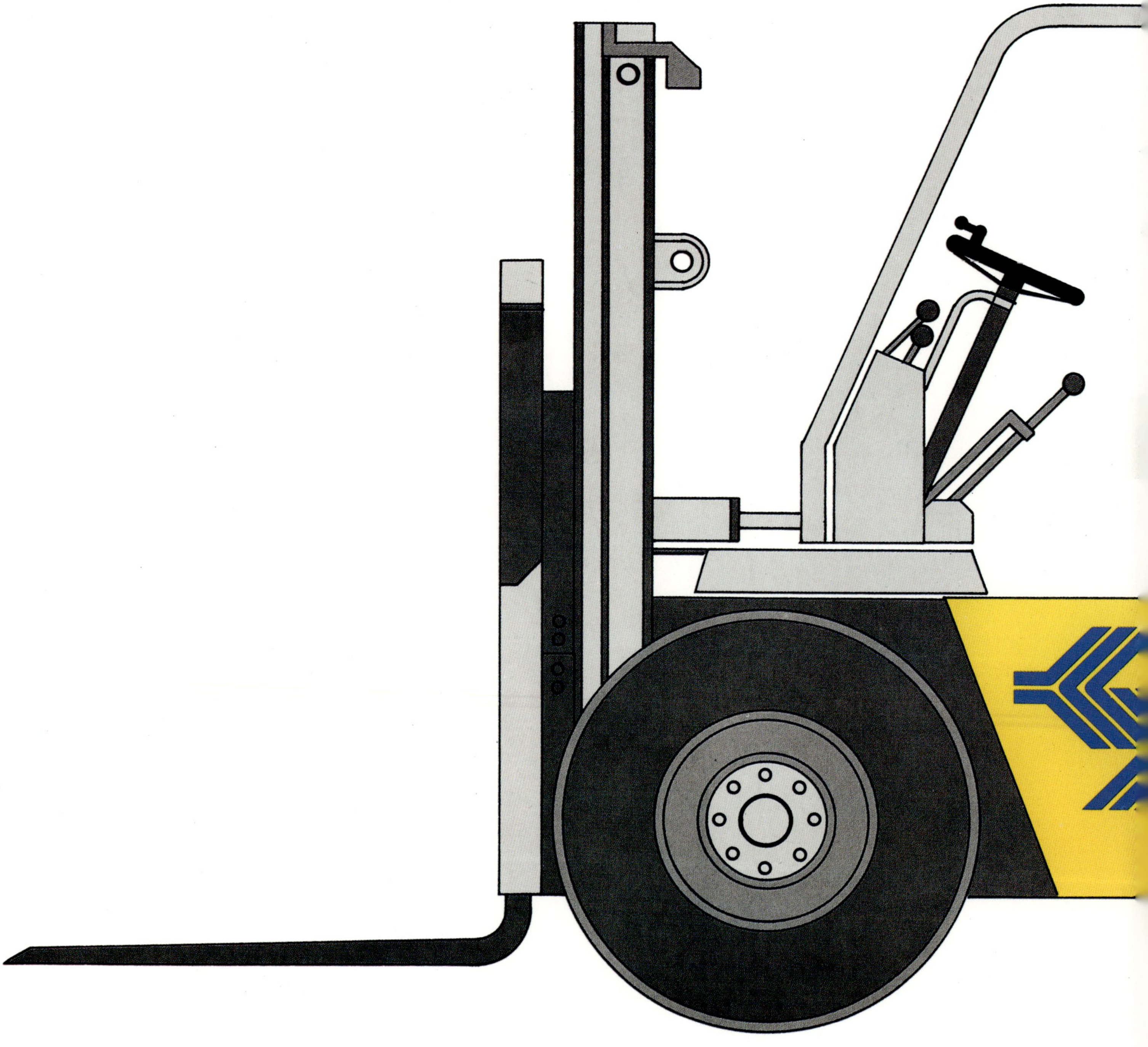

Aeroporto
Valerio Catullo
di Verona
Villafranca

Aeroporto Valerio Ca

Aeroporto
Valerio Catullo
di Verona
Villafranca

tullo di Verona Villafra

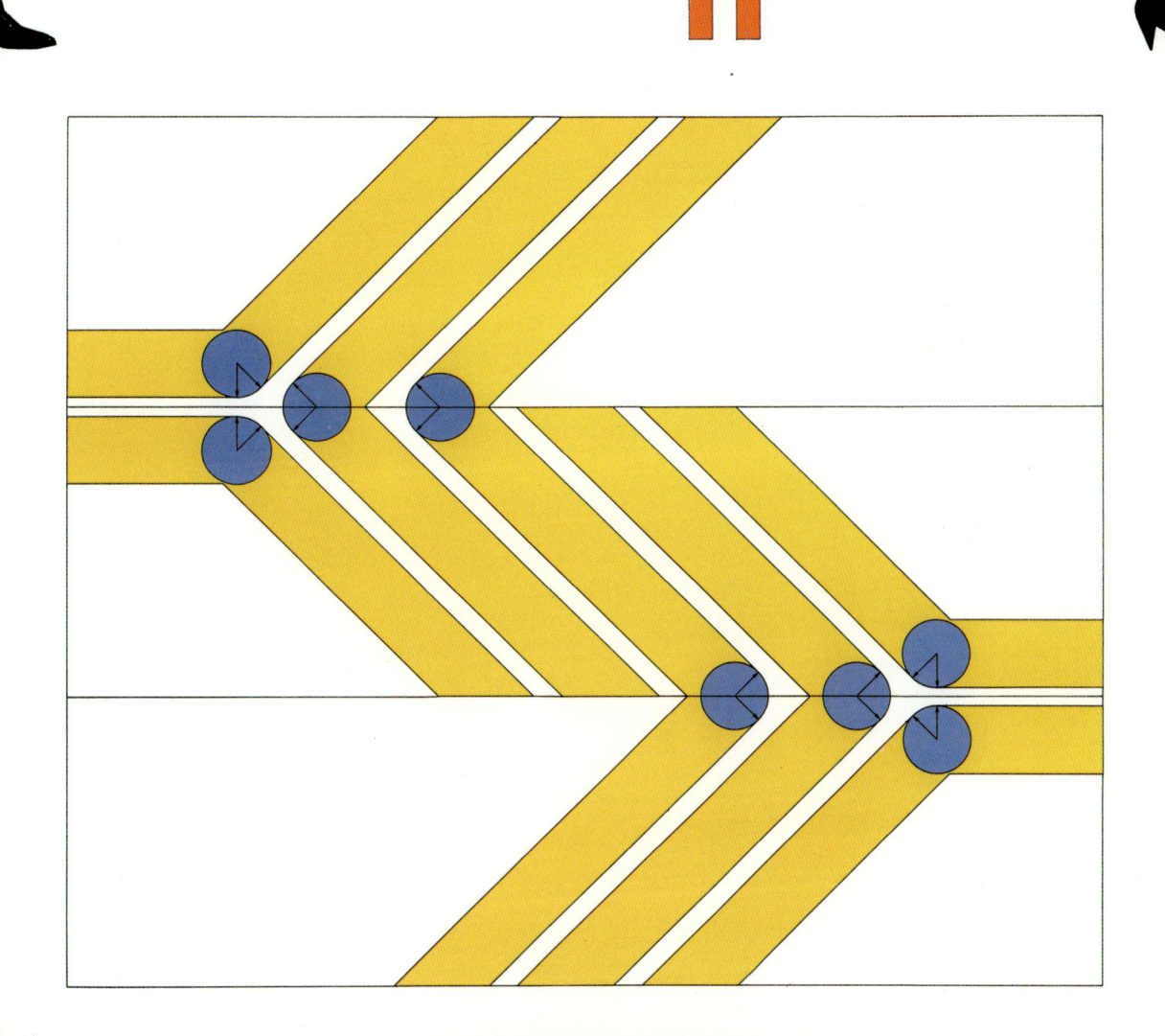

109

Camera di Commercio Industria, Artigianato e Agricoltura Potenza

Designer: Michele M. Spera
Italy

CAMERA DI COMMERCIO
INDUSTRIA ARTIGIANATO
E AGRICOLTURA

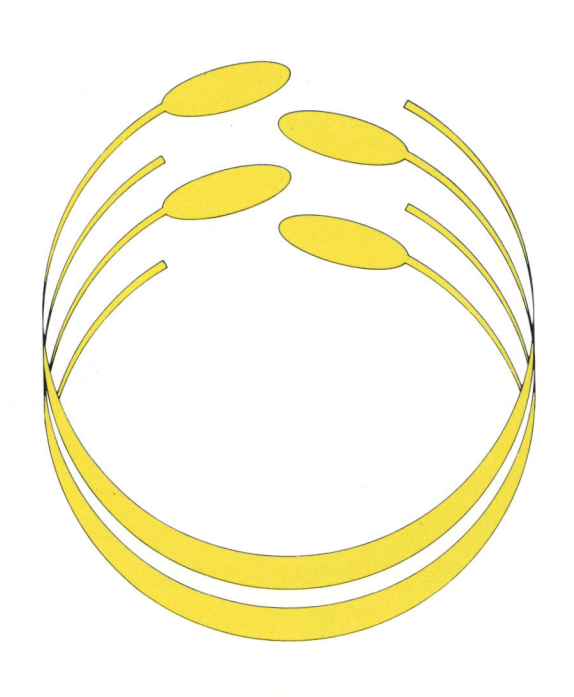

CAMERA DI COMMERCIO
INDUSTRIA ARTIGIANATO
E AGRICOLTURA
POTENZA

CAMERA DI COMMERCIO
INDUSTRIA ARTIGIANATO
E AGRICOLTURA
POTENZA

Comercial Mexicana
A Supermarket Chain

Design Firm: Re/Diseno
Mexico

118

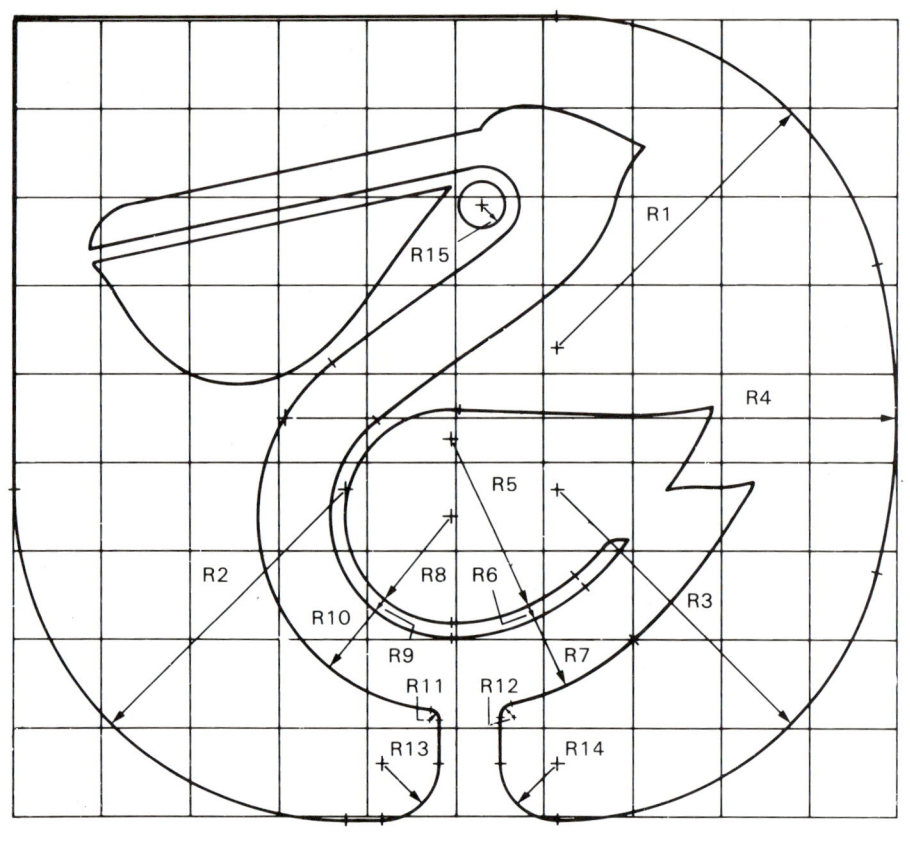

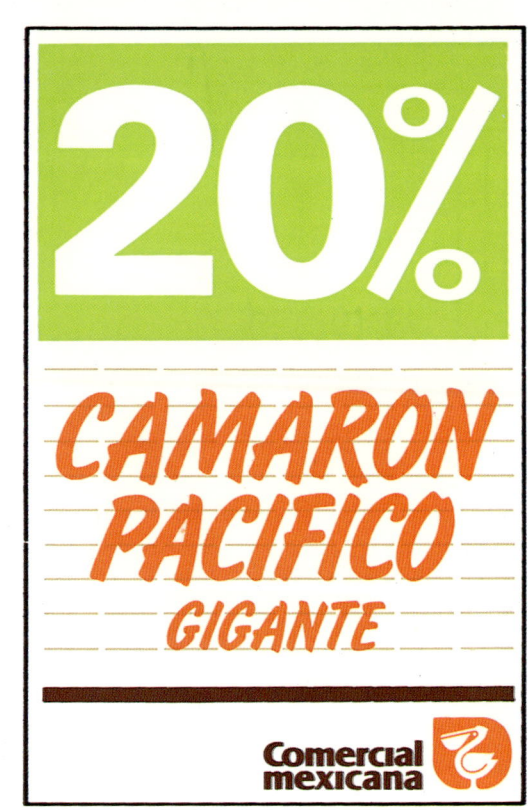

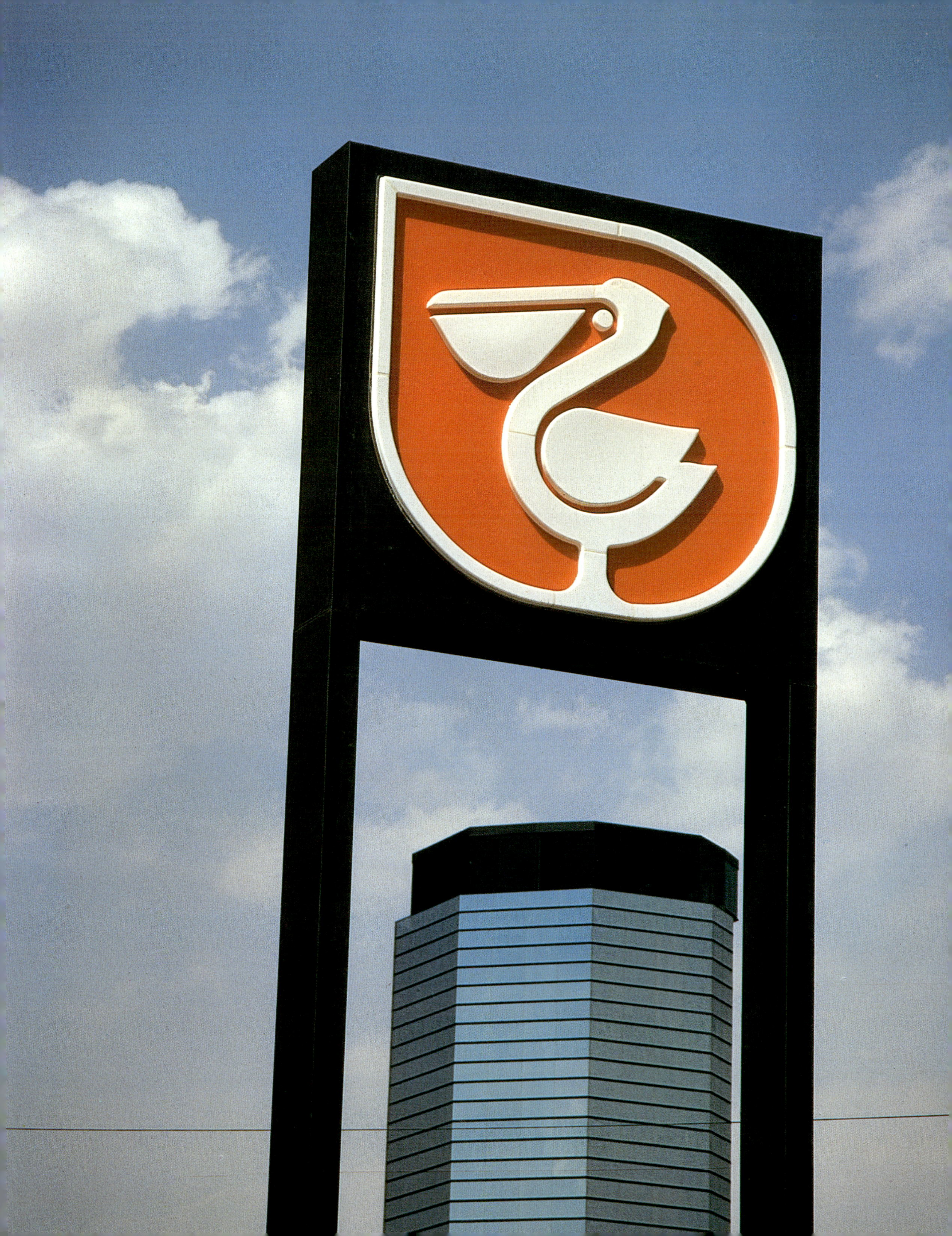

3.6 Vehículos / Aplicaciones Trailer

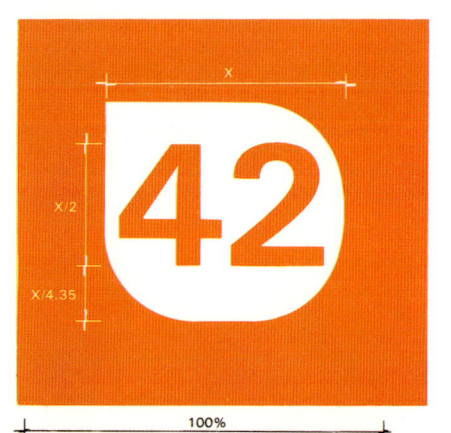

Comercial Mexicana, S.A. de C.V.
Sucursal Culiacán
Dr. Mora N° 1725 Col. La Campiña
Col. La Campiña, Culiacán, Sin.

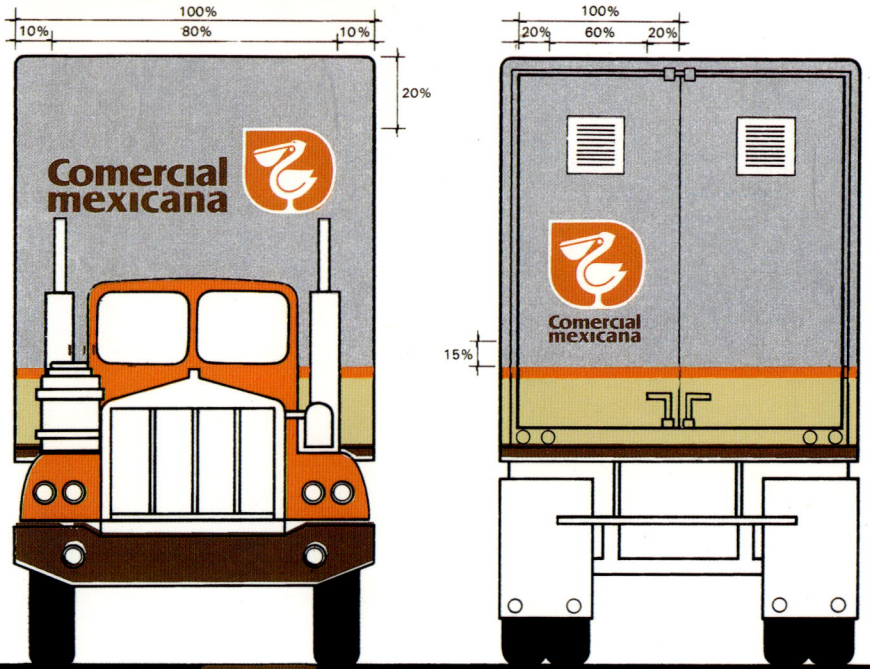

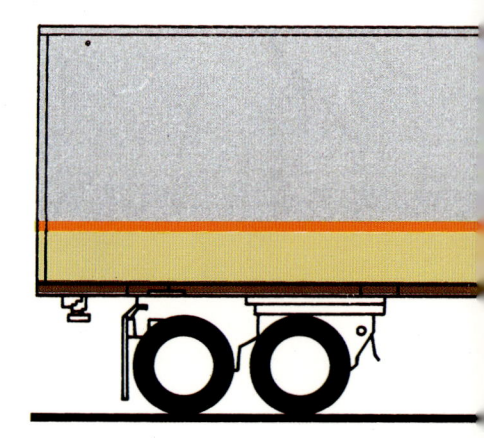

Comercial mexicana

120

Comercial mexicana

En los vehículos todas las aplicaciones de color a excepción de la razón social y la dirección serán rotuladas con pintura automotiva acrílica.
La razón social y la dirección se imprimirán en serigrafía sobre vinil adhesivo.
Las aplicaciones de color se harán según los ejemplos correspondientes.
Las tintas son:
Naranja Pantone 021-C
Café Pantone 469-C
Beige Pantone 466-C
La razón social y la dirección son en el tipo Univers 55 (Light) en mayúsculas y minúsculas. La altura de la letra es de 2.75 cm. La distancia entre renglones (de la base de uno a la base del siguiente) es de 4.25 cm. El texto es compensado (separación entre letras) tal como se muestra.
El texto se imprime en color blanco ya que el fondo es de color naranja.
El tipo del número económico es Univers 65 (Medium). Se recomienda que la longitud de todo el conjunto sea de 15 cm.
Se hace notar que el color de fondo sobre el que se va a aplicar el conjunto del número económico es naranja, por lo que el símbolo corporativo sobre el que se aplica el número es blanco, siendo el número en color naranja.
Para cualquier duda comunicarse con la Dirección de Mercadotecnia y Publicidad de Comercial Mexicana, S.A. de C.V.

121

122

123

124

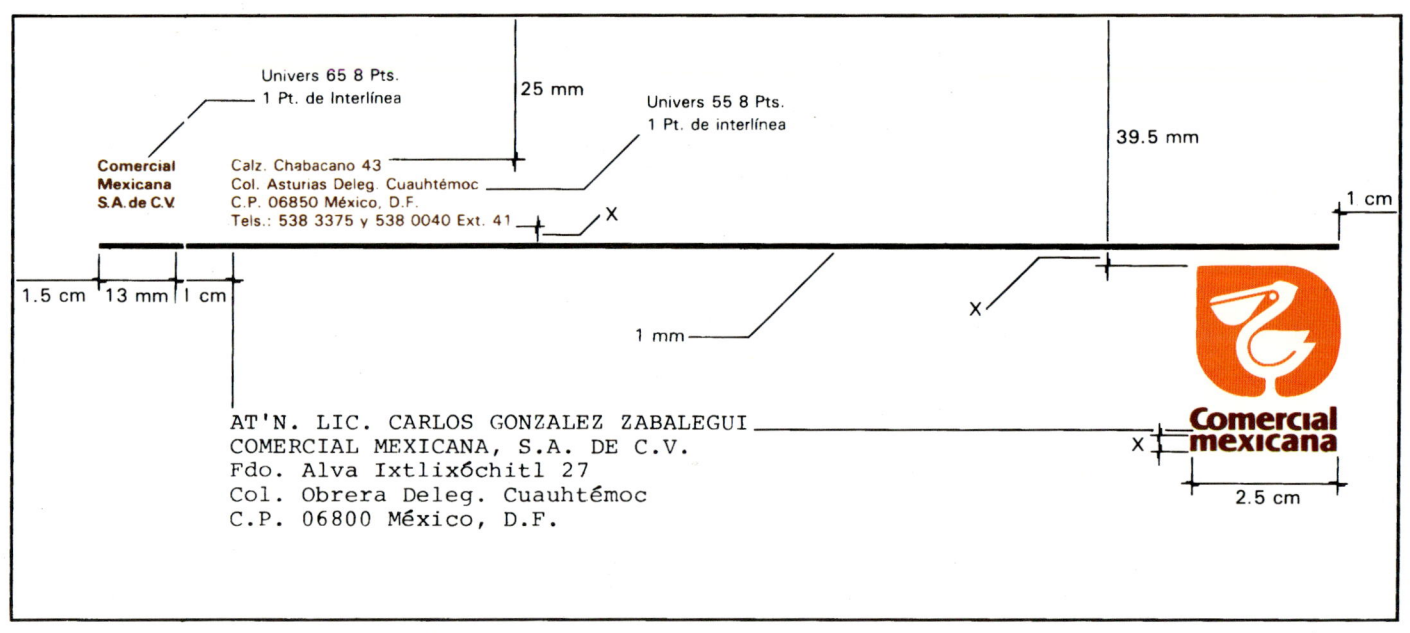

3.18 Fachadas / Aplicaciones

Comercial mexicana

Considerando la diversidad de fachadas se aplicarán los siguientes lineamientos:
1.- Se recomienda que la fachada sea de color beige; si es posible, que sea o se aproxime al Beige Pantone 466.
2.- Se podrá aplicar el símbolo Corporativo o la Firma Corporativa, esta última manejando el Símbolo Corporativo con outline para el caso de fachada de color.
3.- En caso de aplicar el Símbolo Corporativo, se hará empleando varios de estos símbolos y espaciándolos en la fachada. El espaciamiento dependerá de las particularidades de cada fachada. Aquí se muestra un ejemplo.
4.- En caso de aplicar la Firma Corporativa se hará lo indicado en los siguientes puntos.
5.- Si la fachada es de color, el Símbolo Corporativo debe de ser manejado con outline junto con el Logotipo Corporativo.
6.- La distancia entre cualquier borde lateral de la fachada y la Firma Corporativa se manejará por módulos. La distancia mínima será de al menos un módulo. Un módulo será igual al ancho del Símbolo Corporativo por su parte media.
7.- La distancia entre el borde superior de la fachada y la parte superior de la Firma Corporativa será igual al ancho de la letra "i" (que forma parte del Logotipo Corporativo).
8.- El símbolo o Firma Corporativos no deberán colocarse a menos de 3.25 mts. del suelo.
Los colores utilizados serán los Colores Corporativos, tanto para el Símbolo como para la Firma Corporativos, siendo el outline en el caso de la Firma Corporativa de color blanco.
Para cualquier duda comunicarse a la Dirección de Mercadotecnia y Publicidad de Comercial Mexicana, S.A. de C.V.

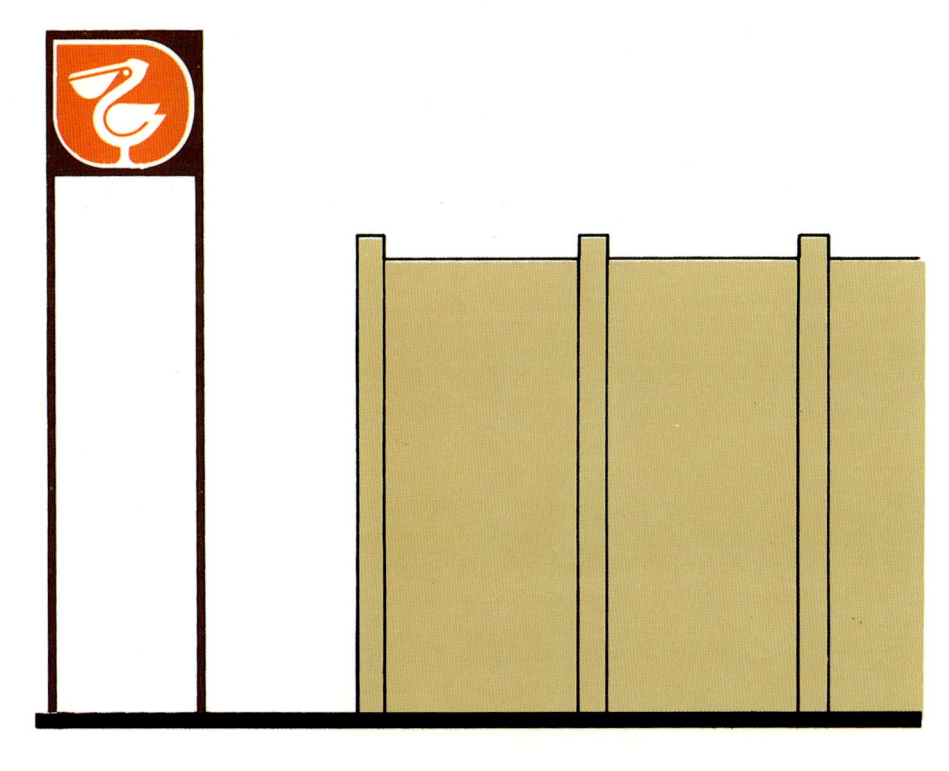

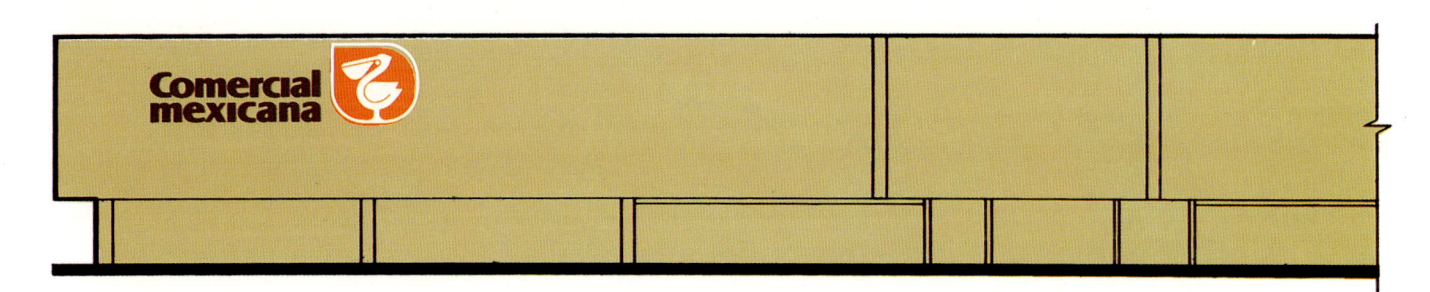

125

Design Firms

Addison Design Consultants
575 Sutter Street
San Francisco, CA 94102
USA

Robert Burns
160 Bedford Rd., No. 307
Toronto, Ontario
Canada

Cho Design and Research
No. 402 Marine Bldg.,
221 13 Nonhyondong,
Kangnam-gu, Seoul, Korea

Landor Associates
1001 Front Street
San Francisco, CA 94111
USA

Re/Deseno
Nebraska 208. Napoles
03810 Mexico D.F.

Michele M. Spera
Via S. Damaso 30
00165 Roma
Italy

Studio G4
Esko Miettinen Oy
Aurorankatu 19 A
00100 Helsinki
Finland